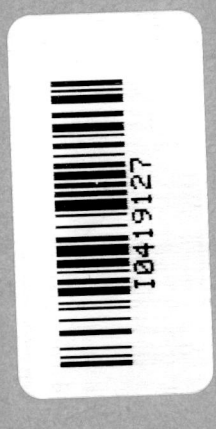

東京幻想作品集

TOKYO GENSO ART WORKS

芸術新聞社

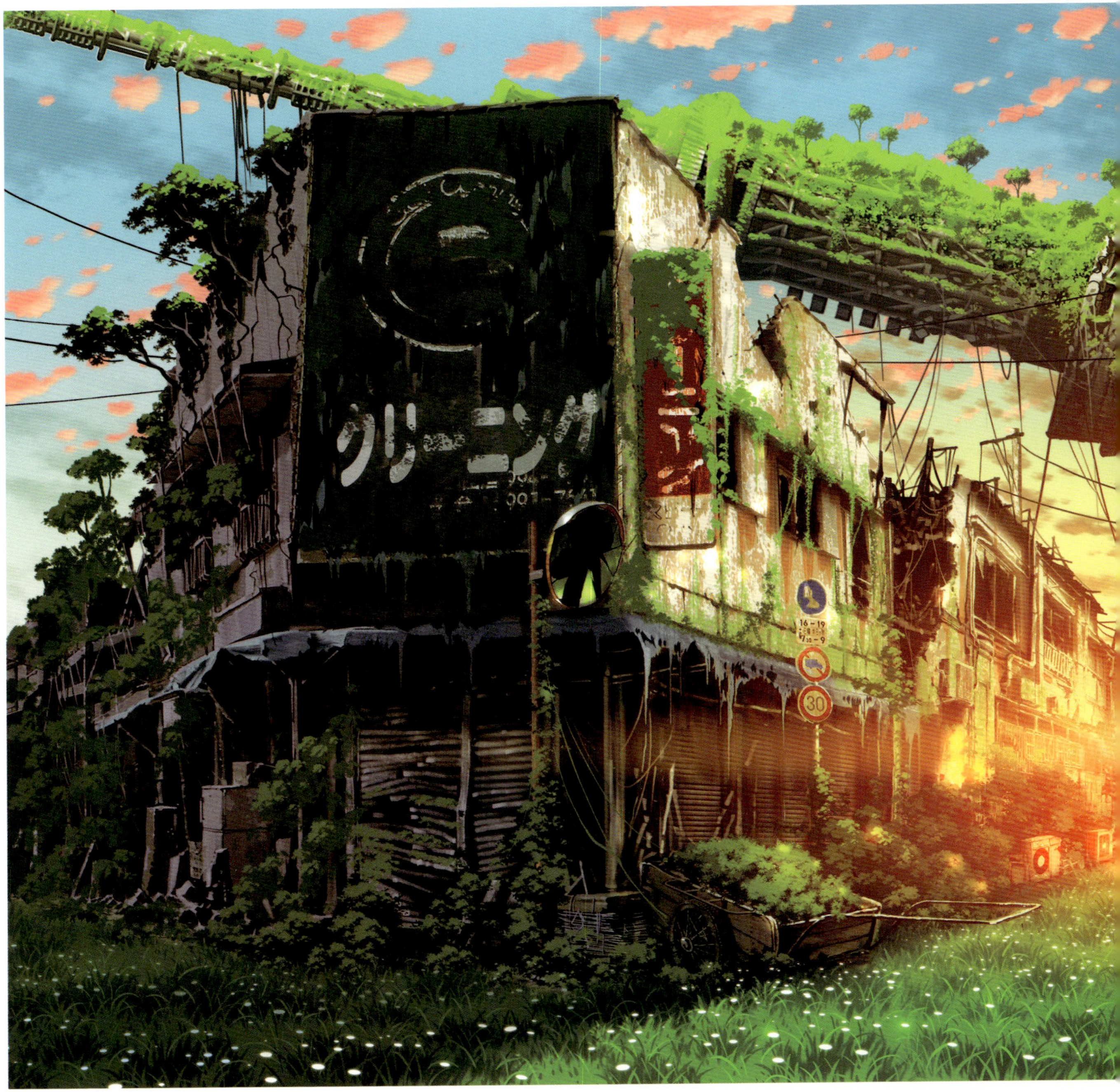
クリーニング
30

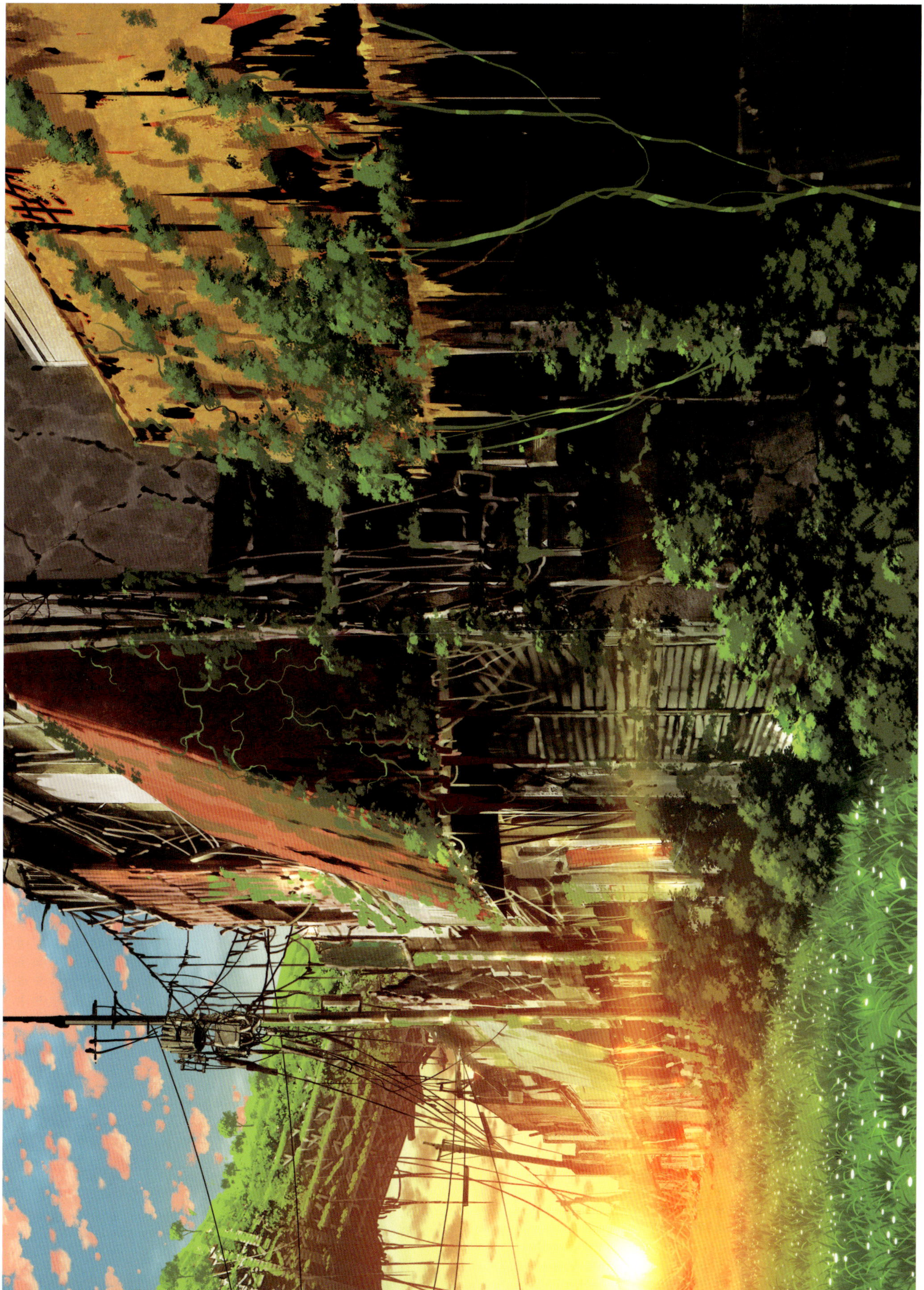

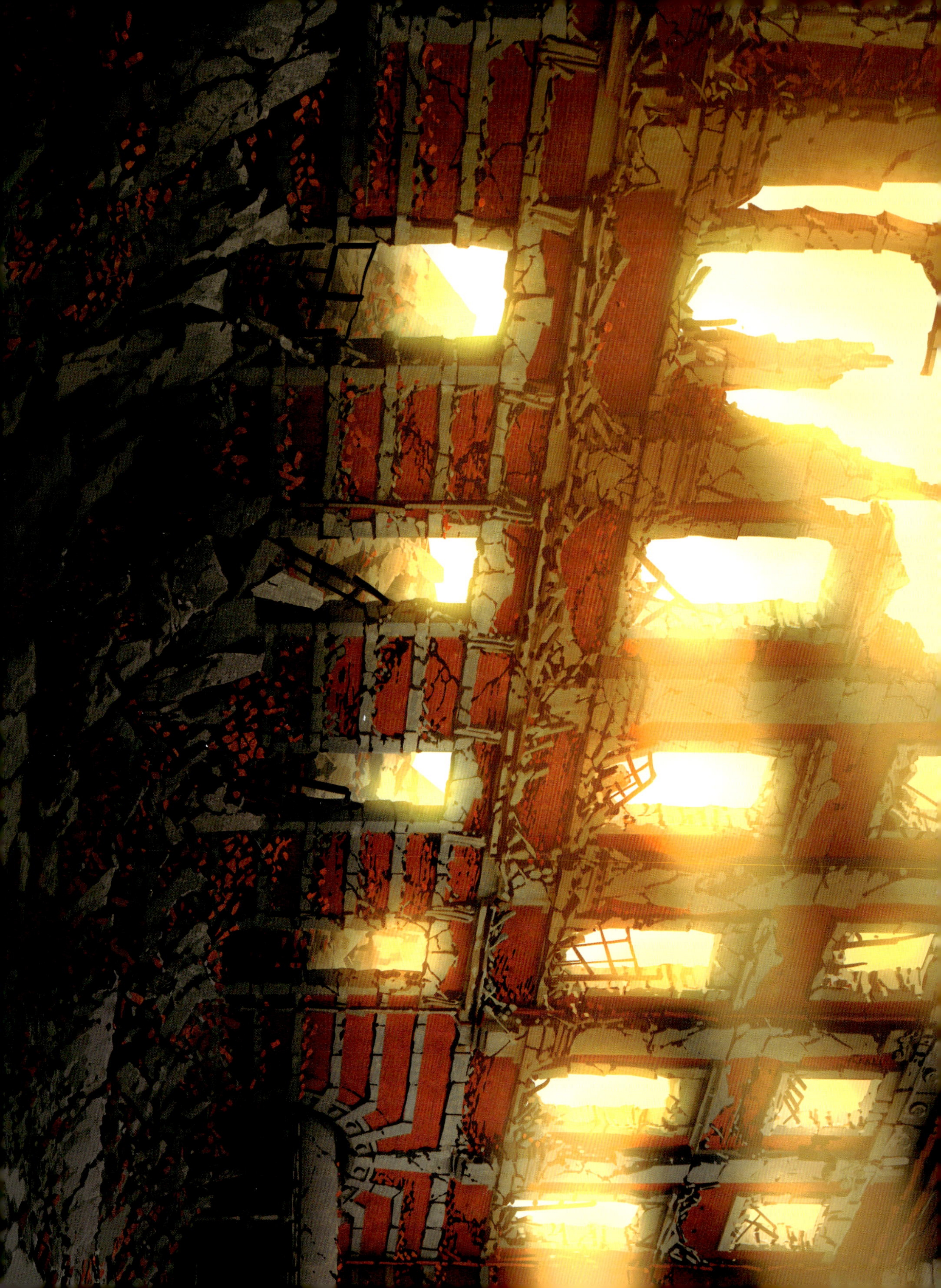

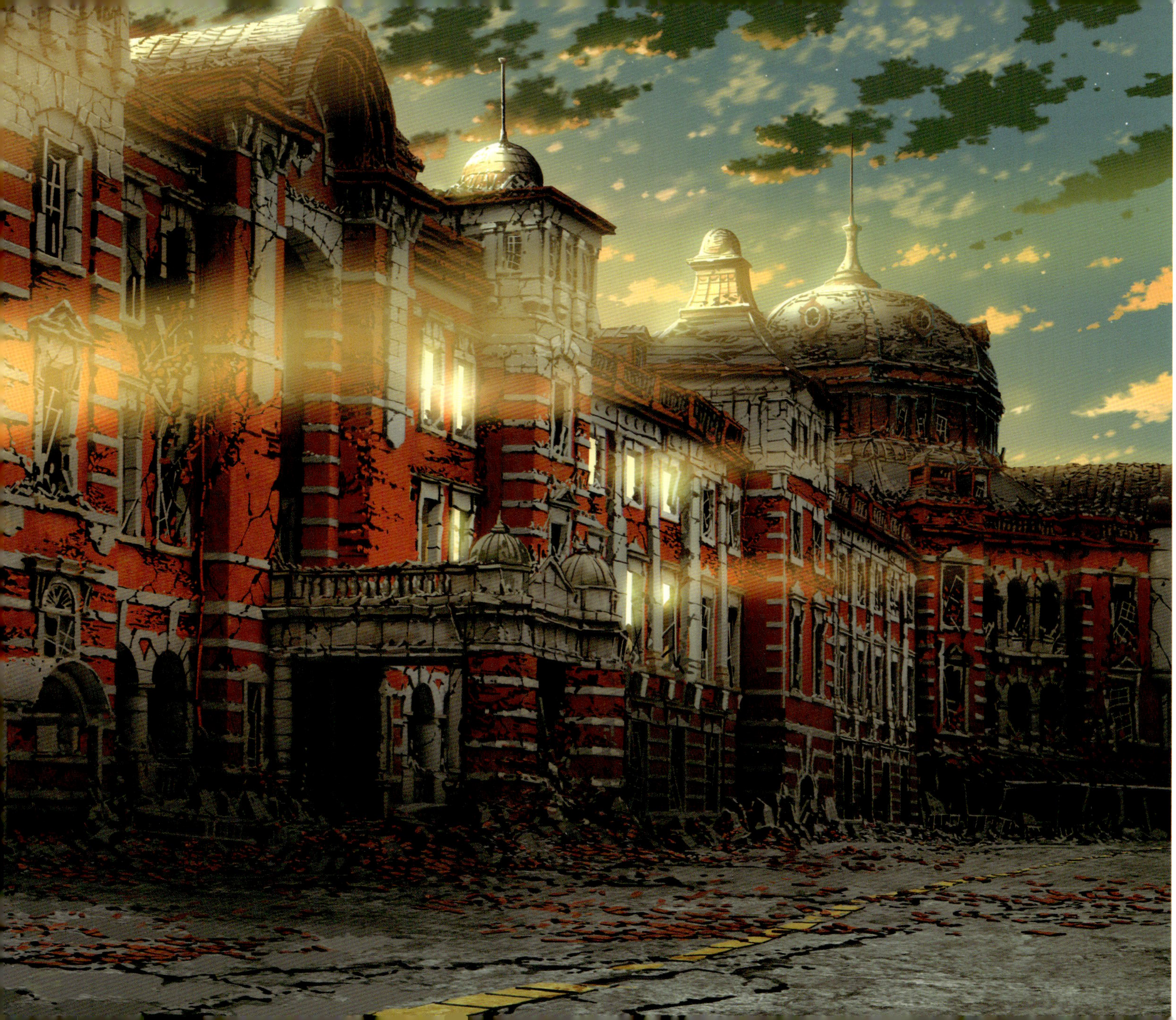

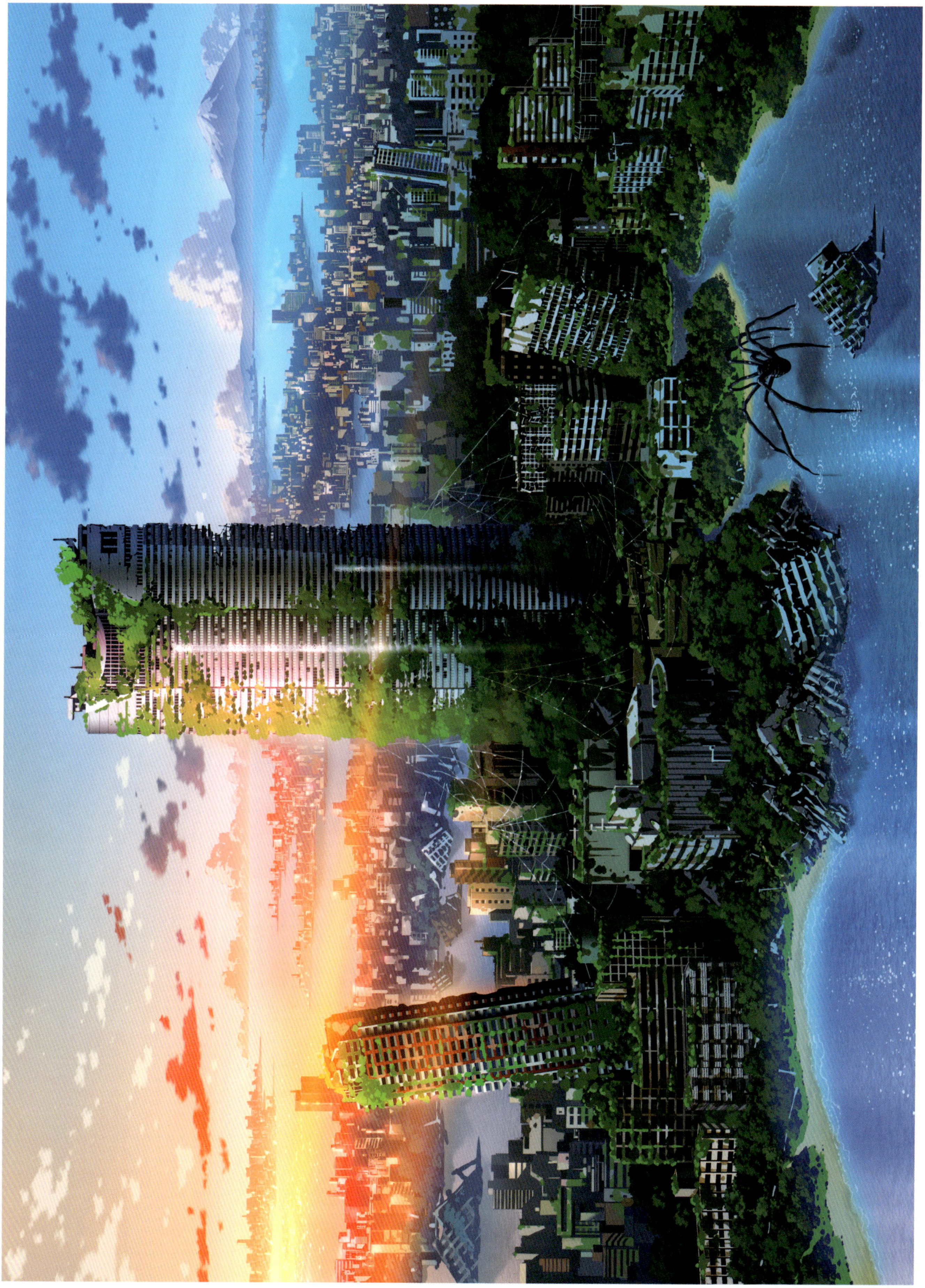

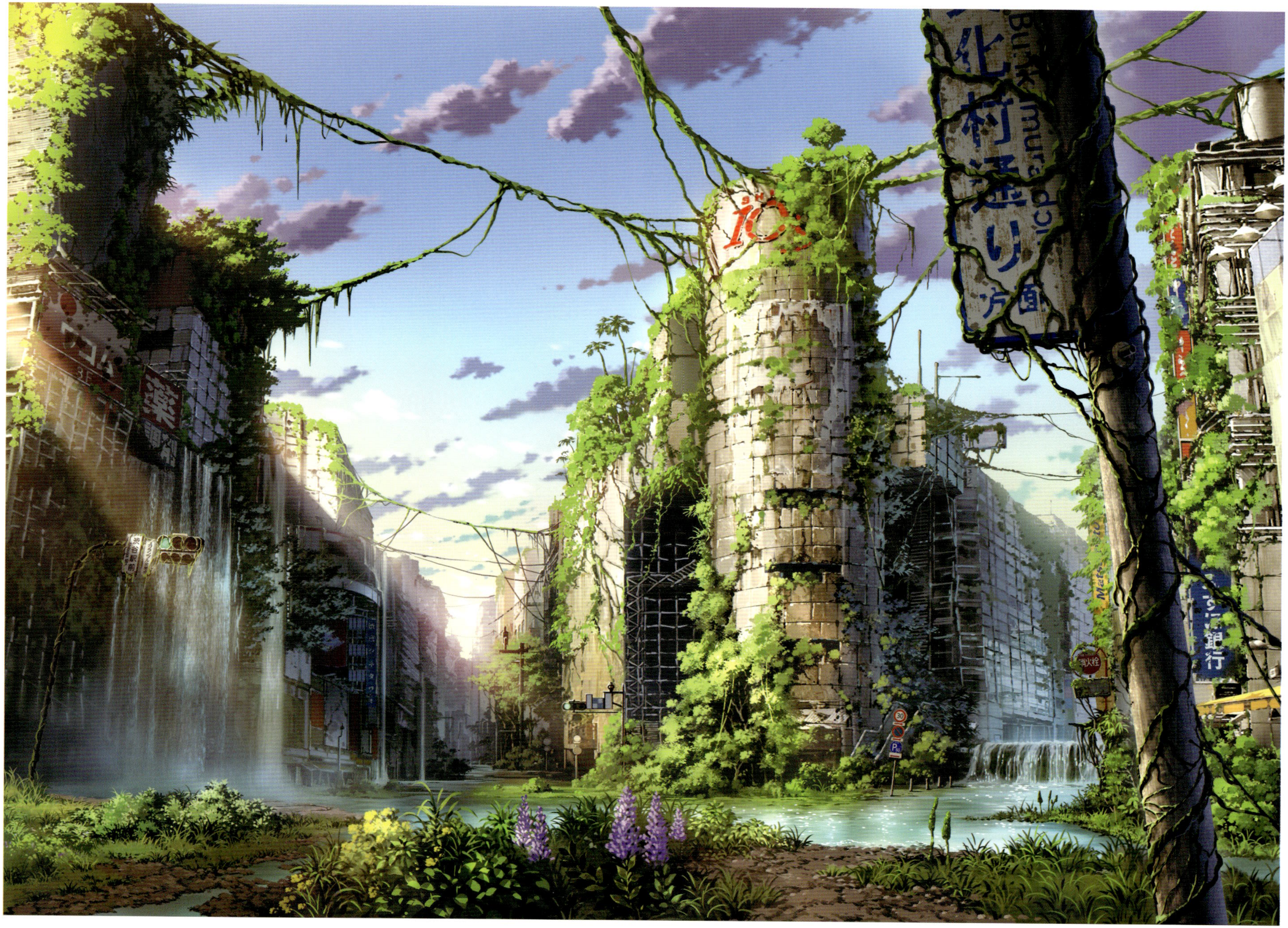
化村通り
方面
薬

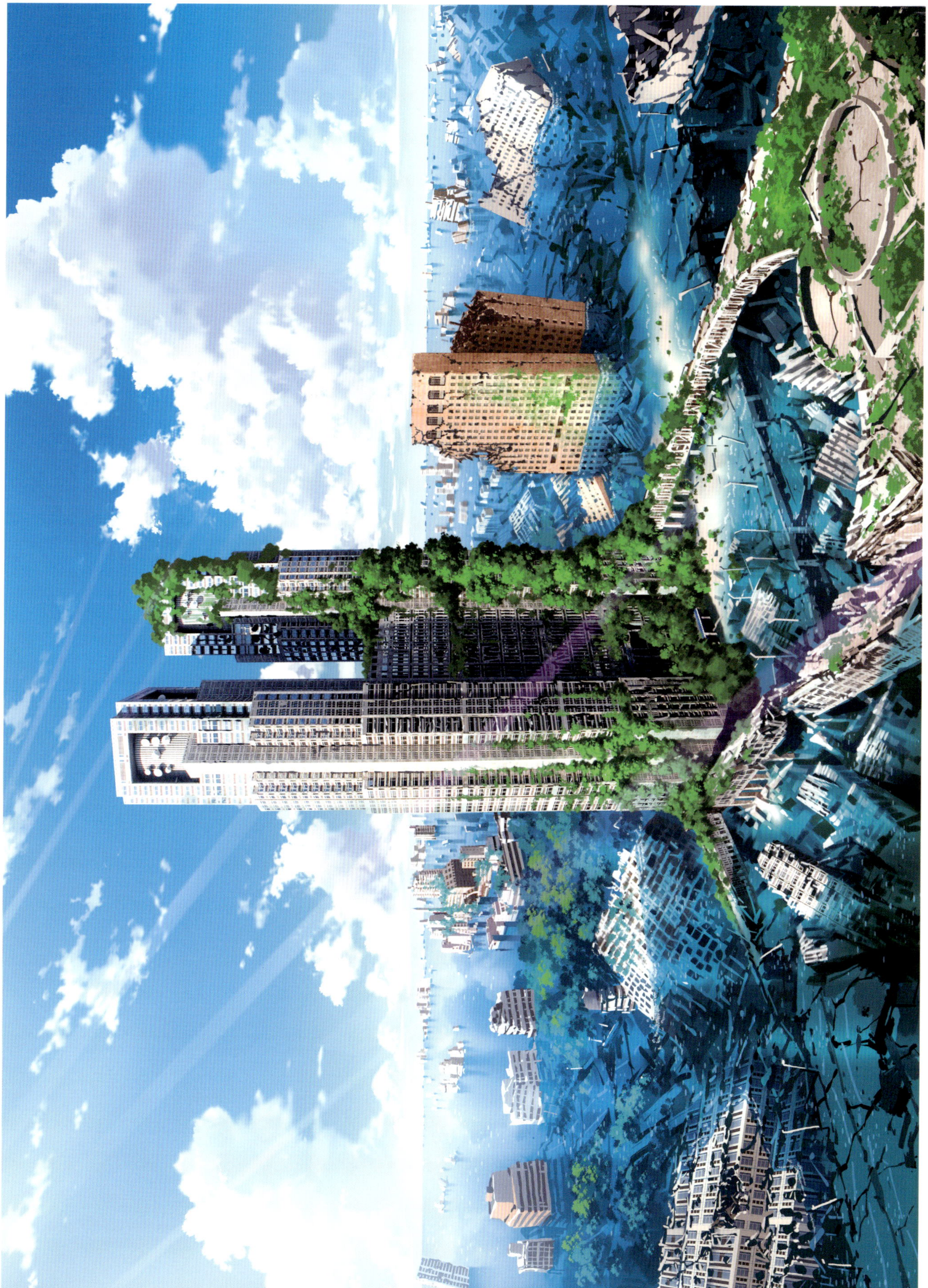

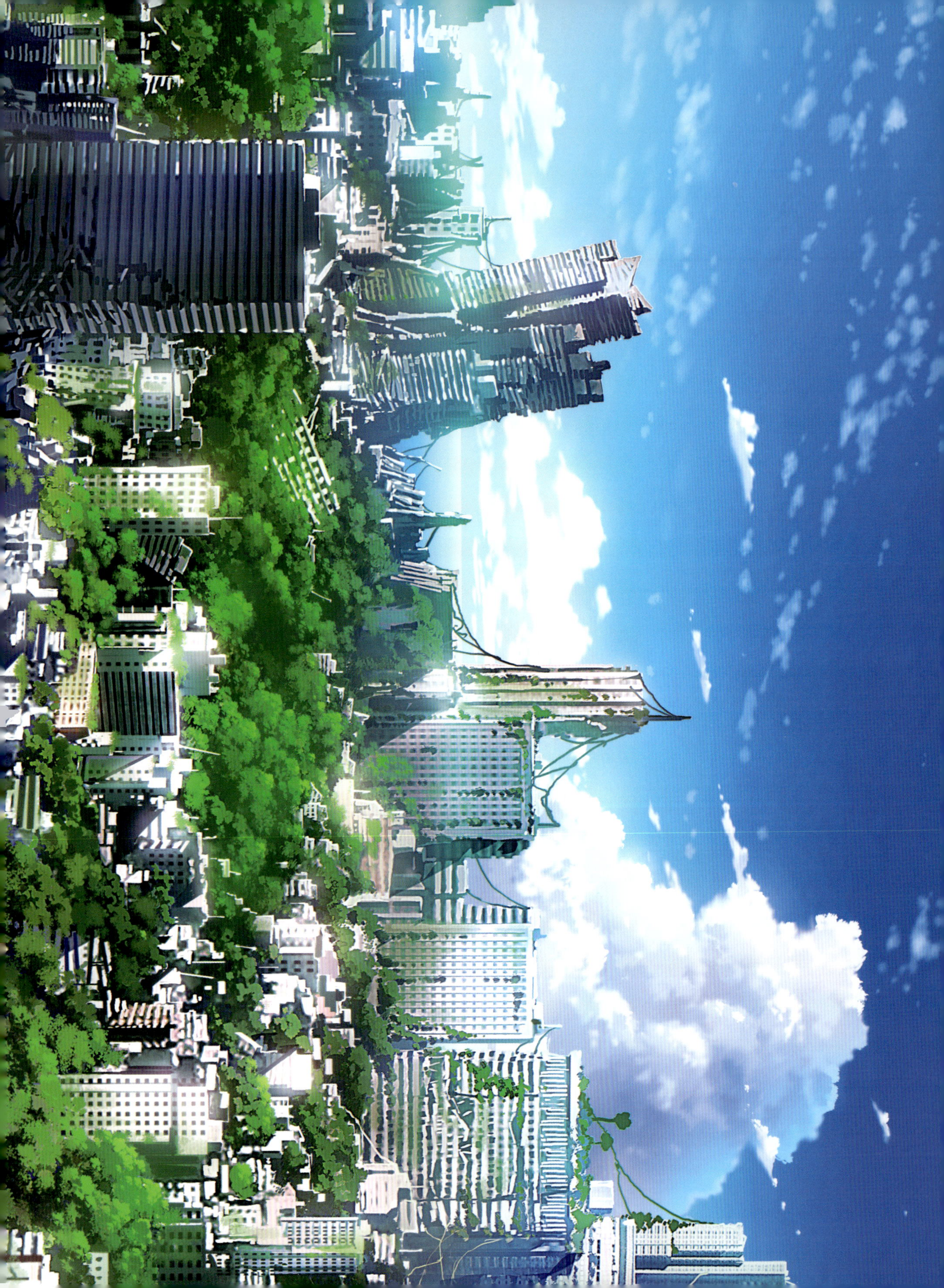

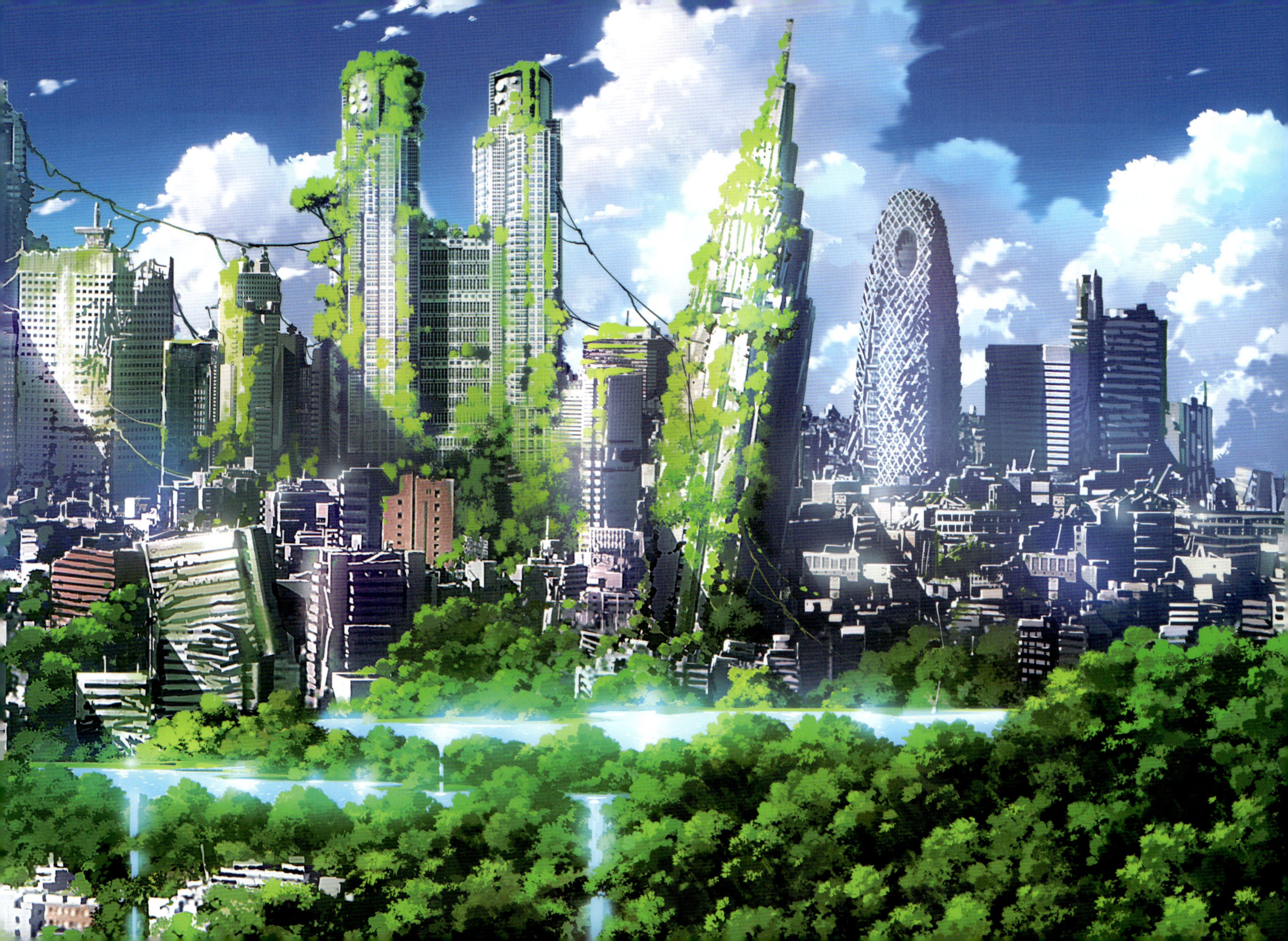

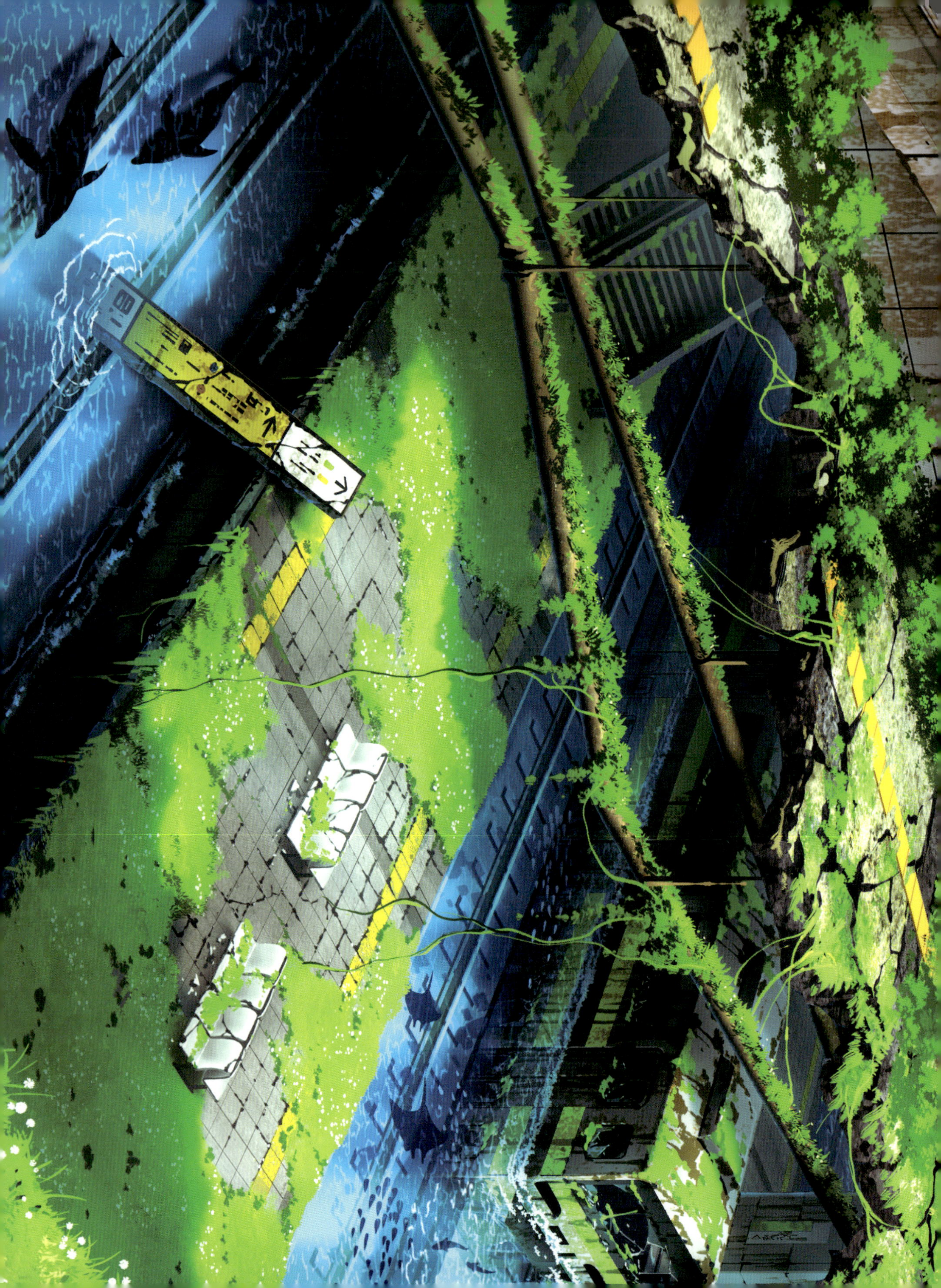

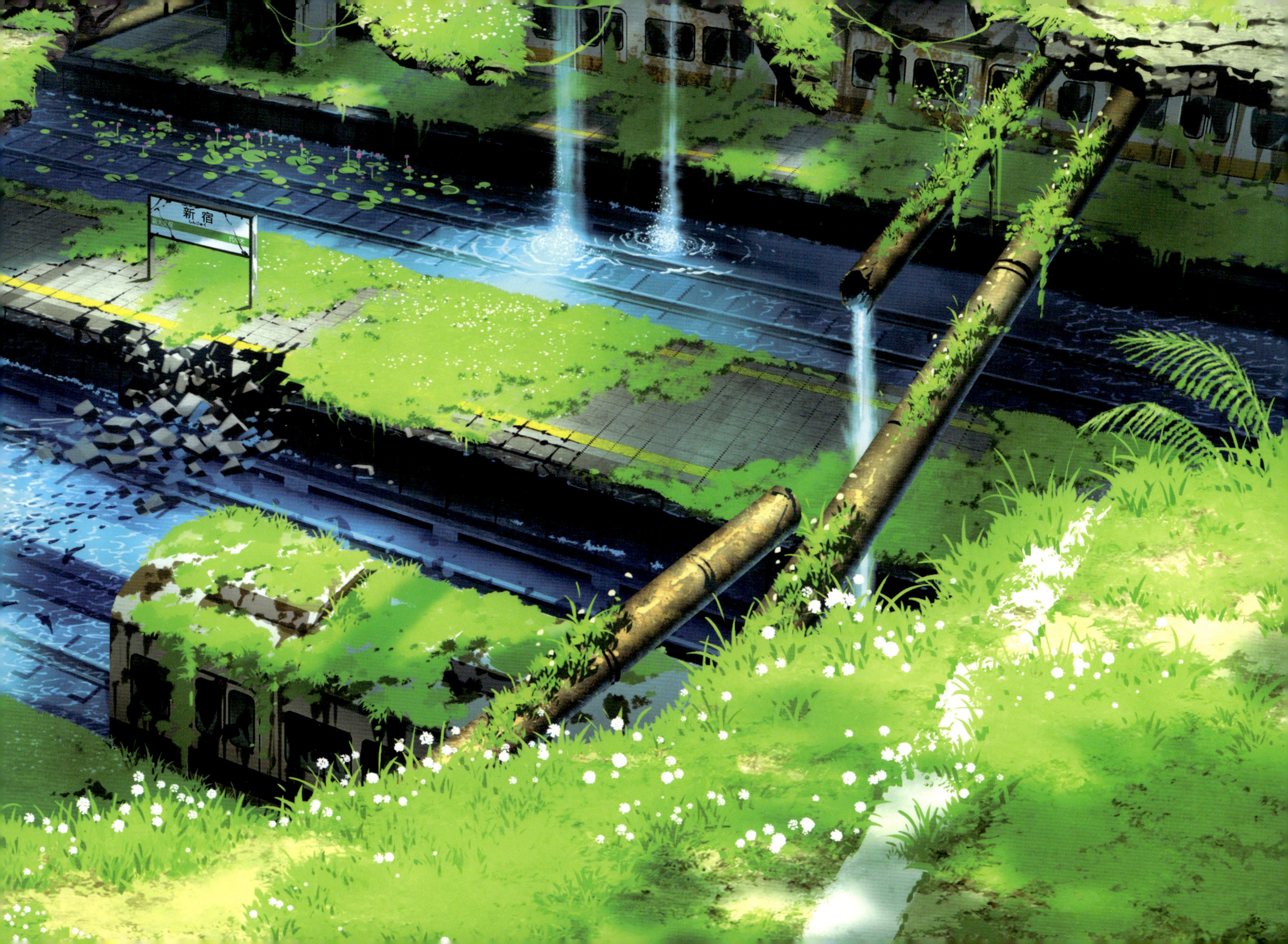
新宿

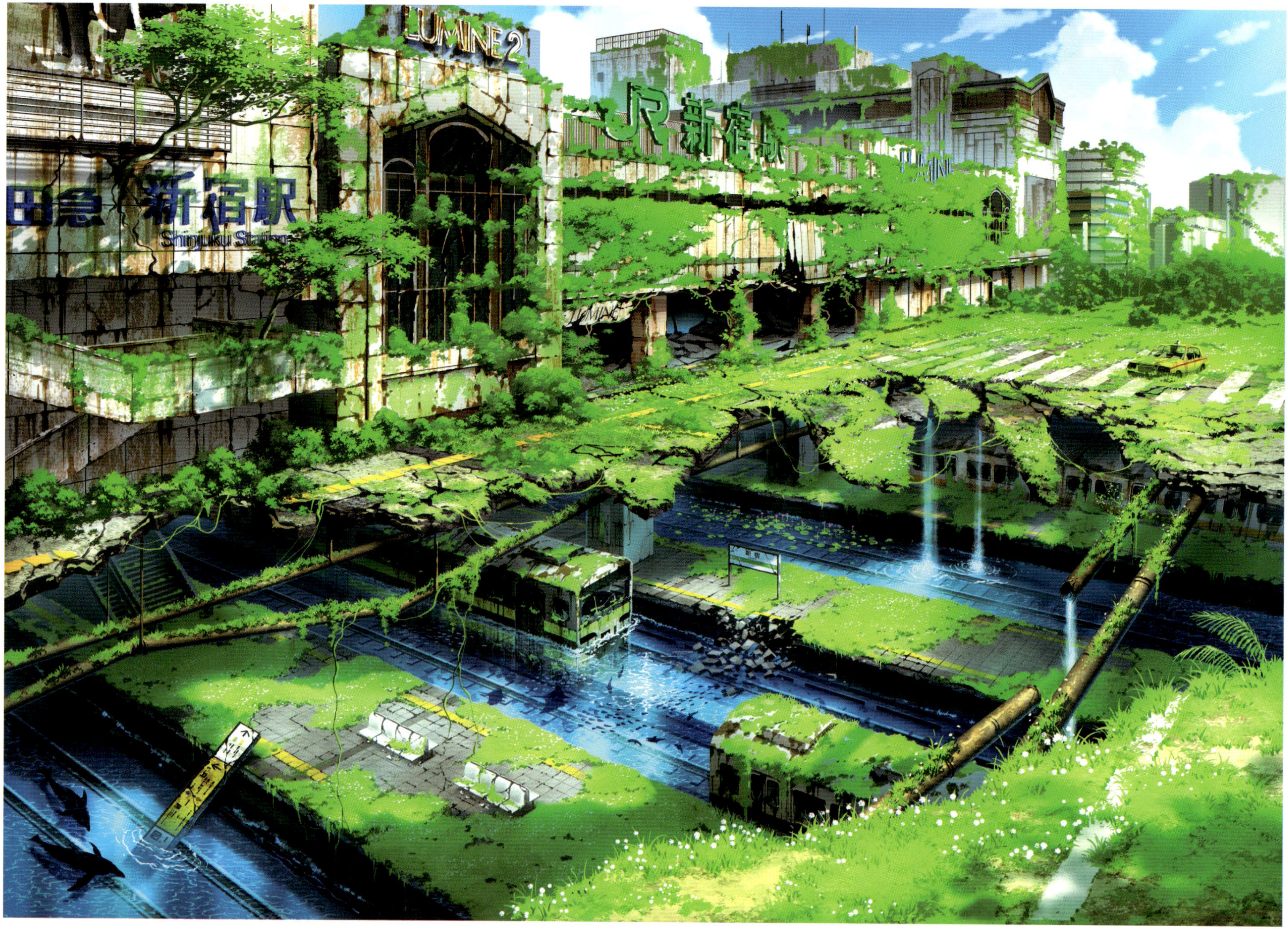

LUMINE 2
JR 新宿駅
新宿駅

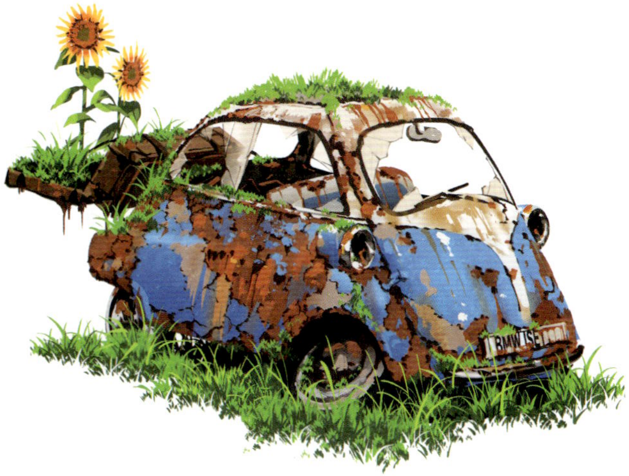

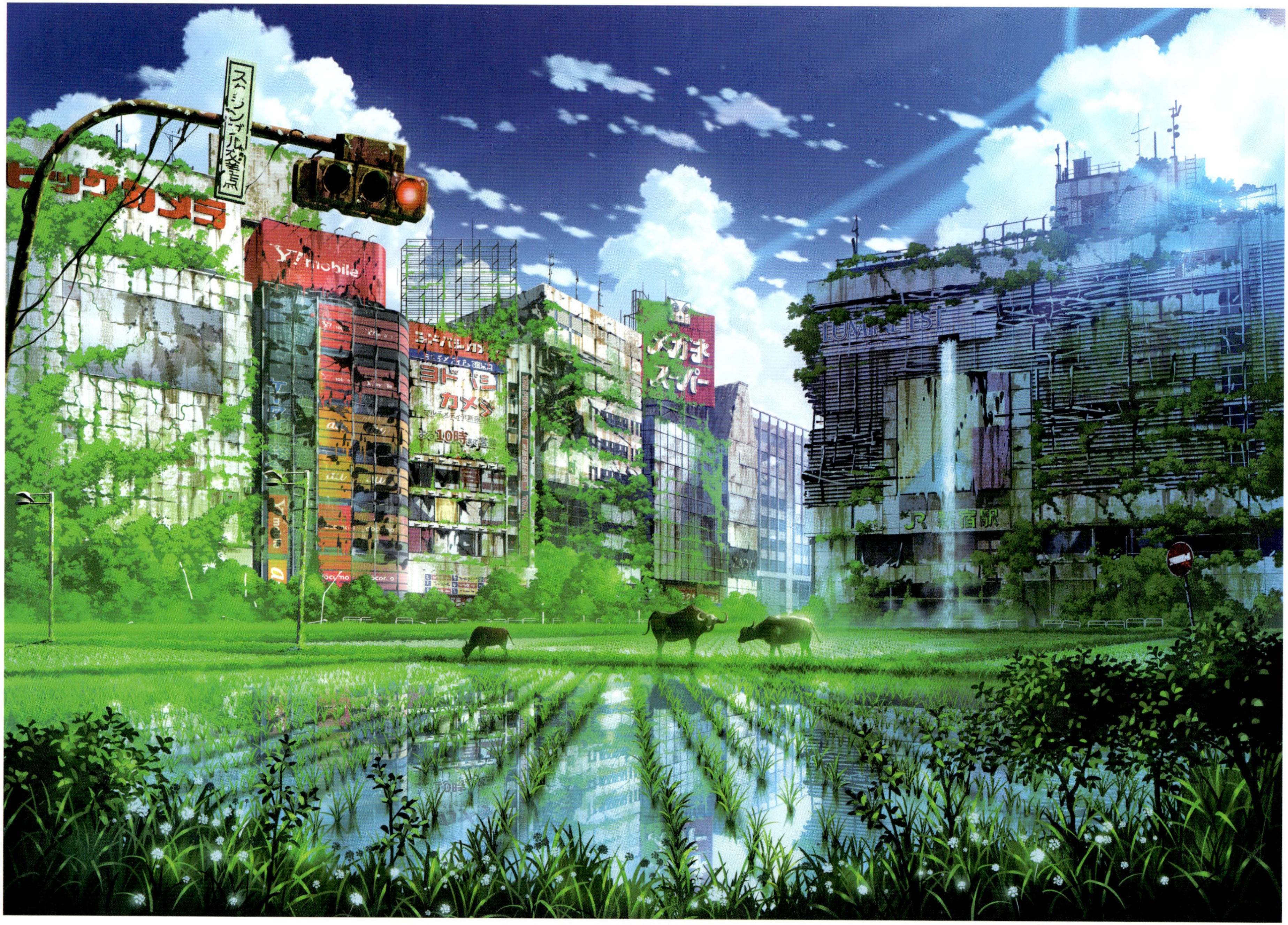

Y!mobile
ヨドバシ
カメラ
メガネ
スーパー

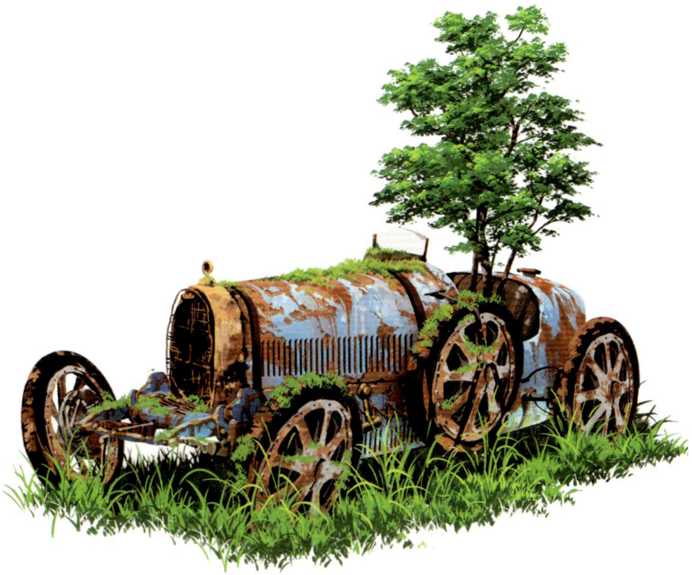

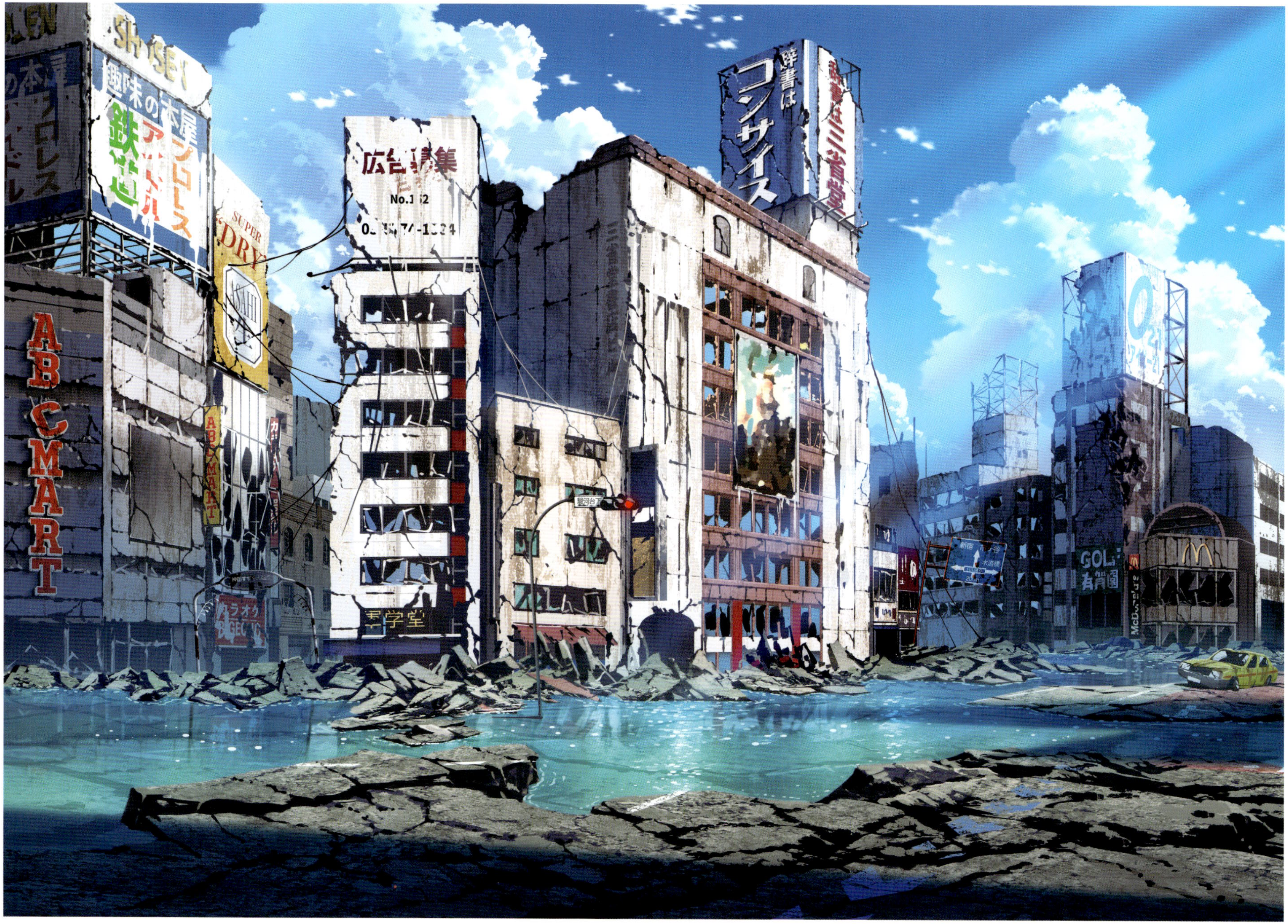

趣味の本屋
鉄道
プロレス
SUPER
DRY
ASAHI
ABCMART
コンサイス
McDonald's

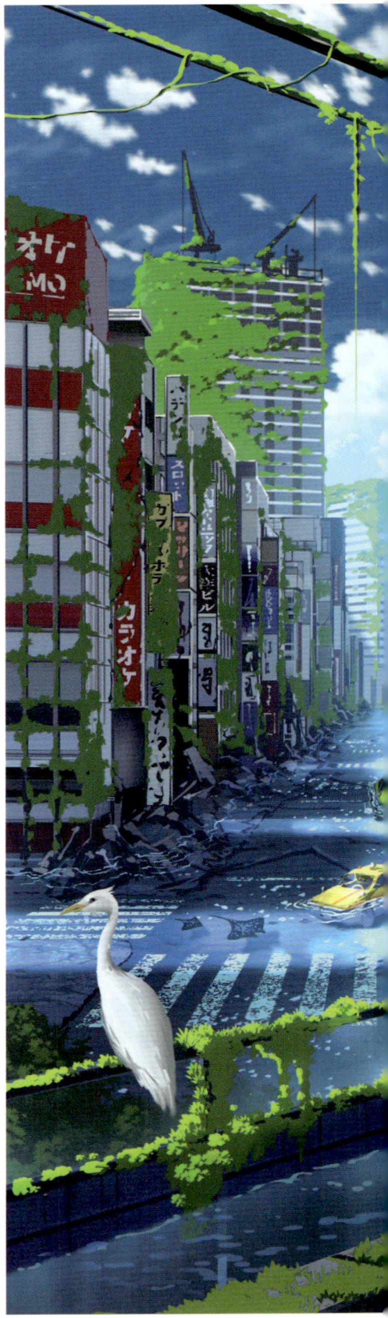
カラオケ

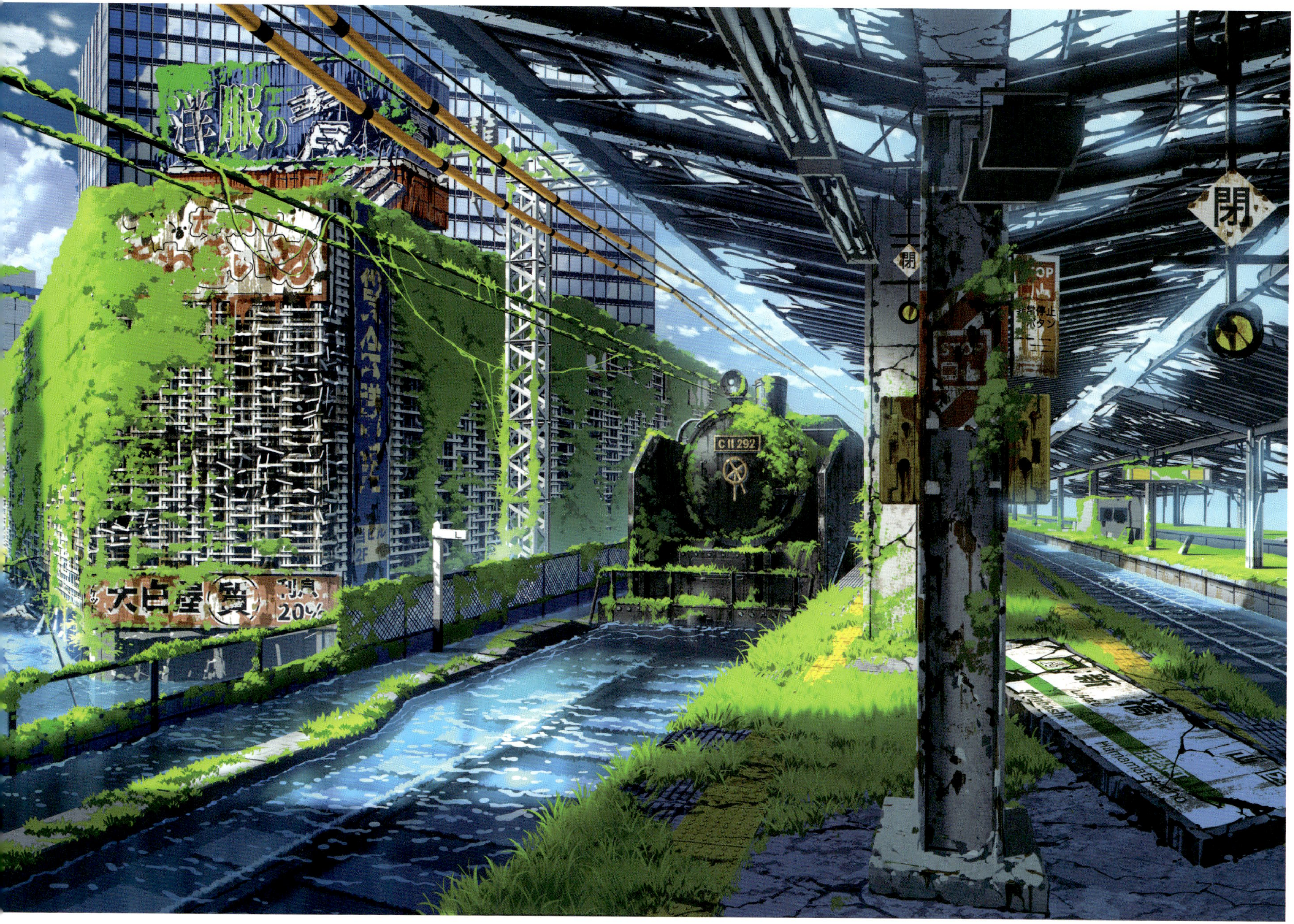

閉
STOP
非常停止ボタン
C11 292
新橋
Hamamatsucho
質
20%

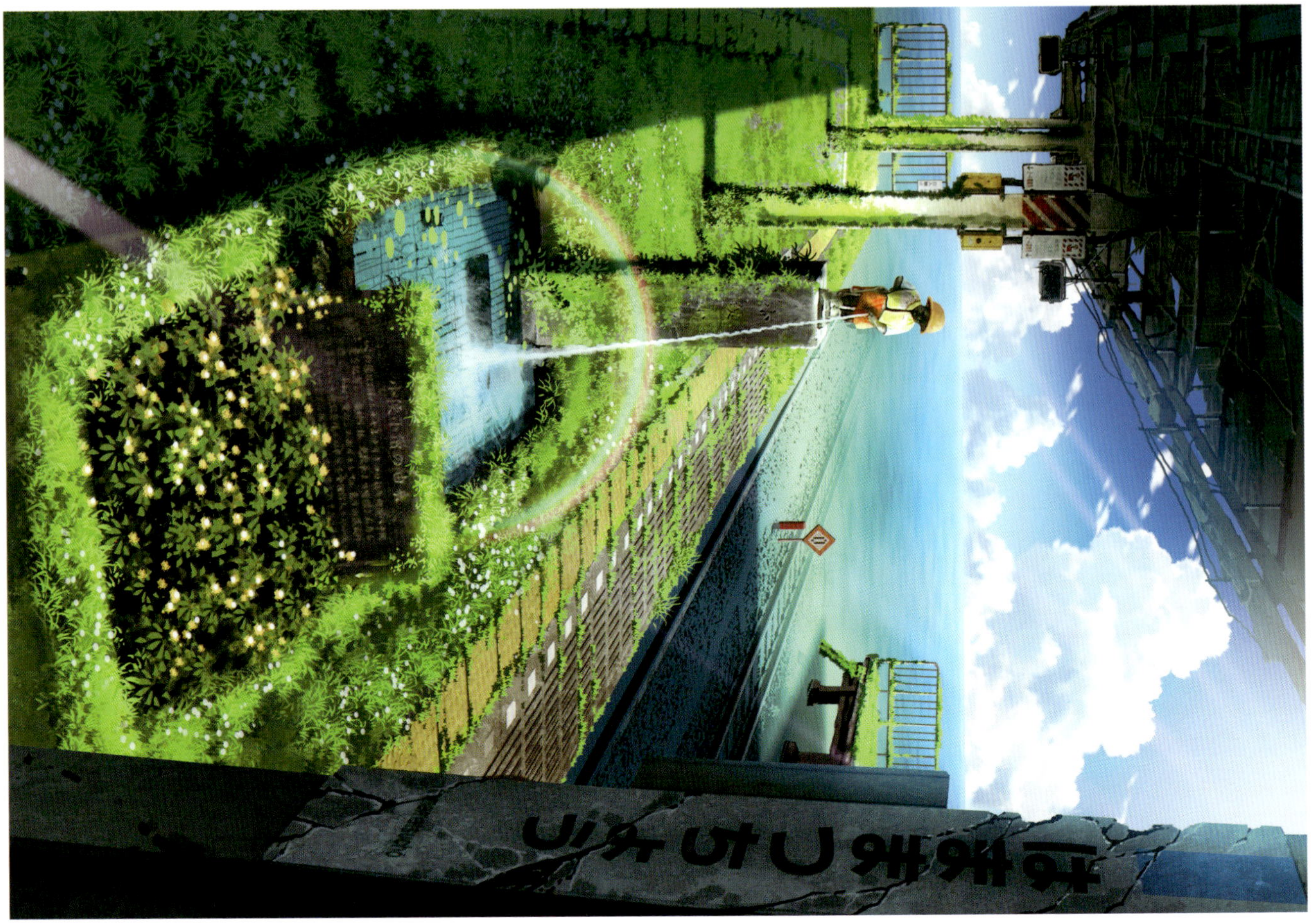

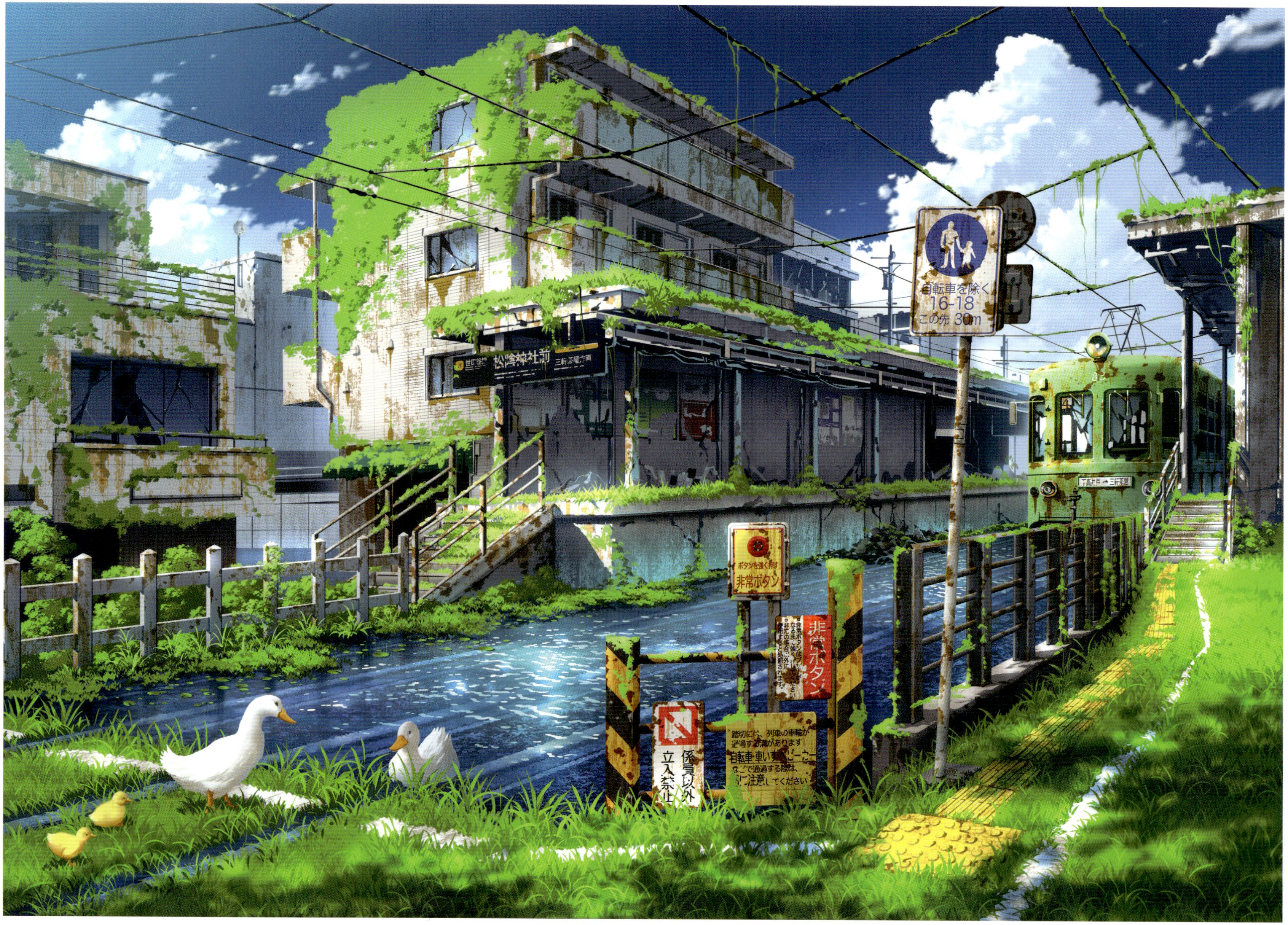

松陰神社前
自転車を除く
16-18
この先 30m
ボタンを強く押す
非常ボタン
非常ボタン
踏切には、列車の車輪が
係員以外
立入禁止

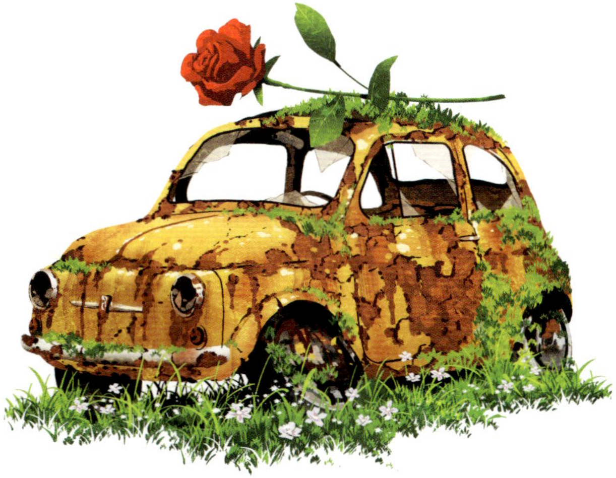

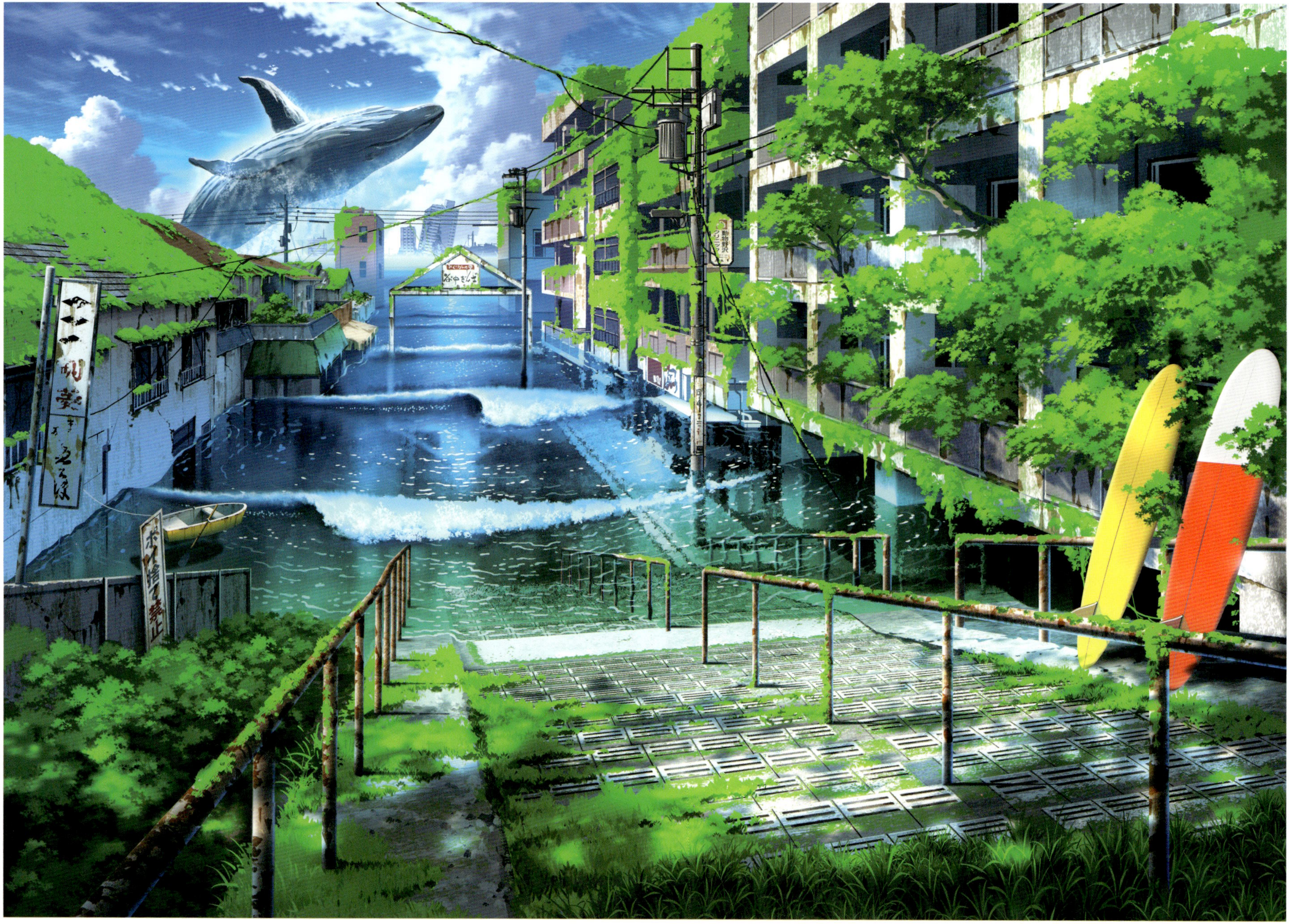

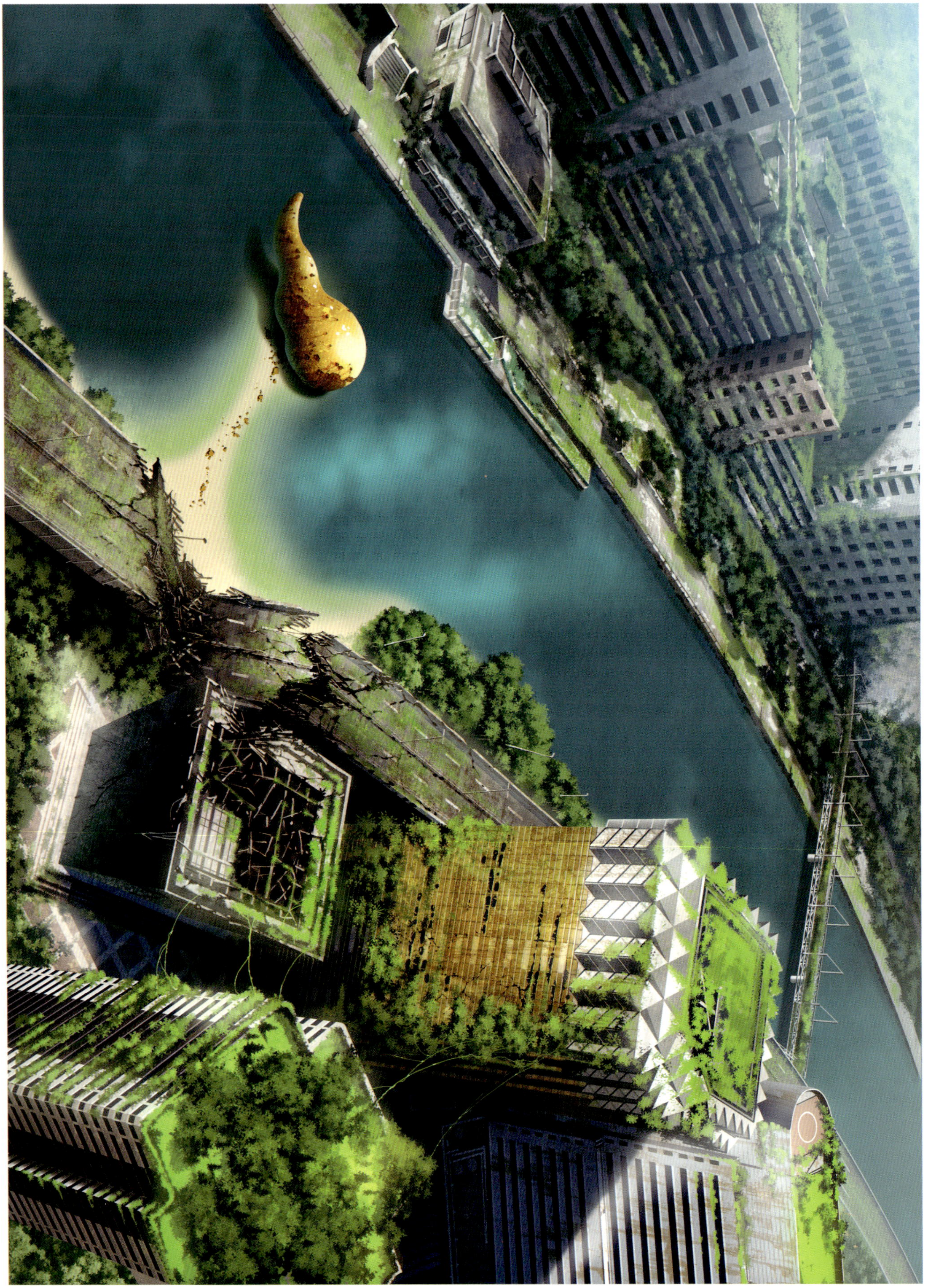

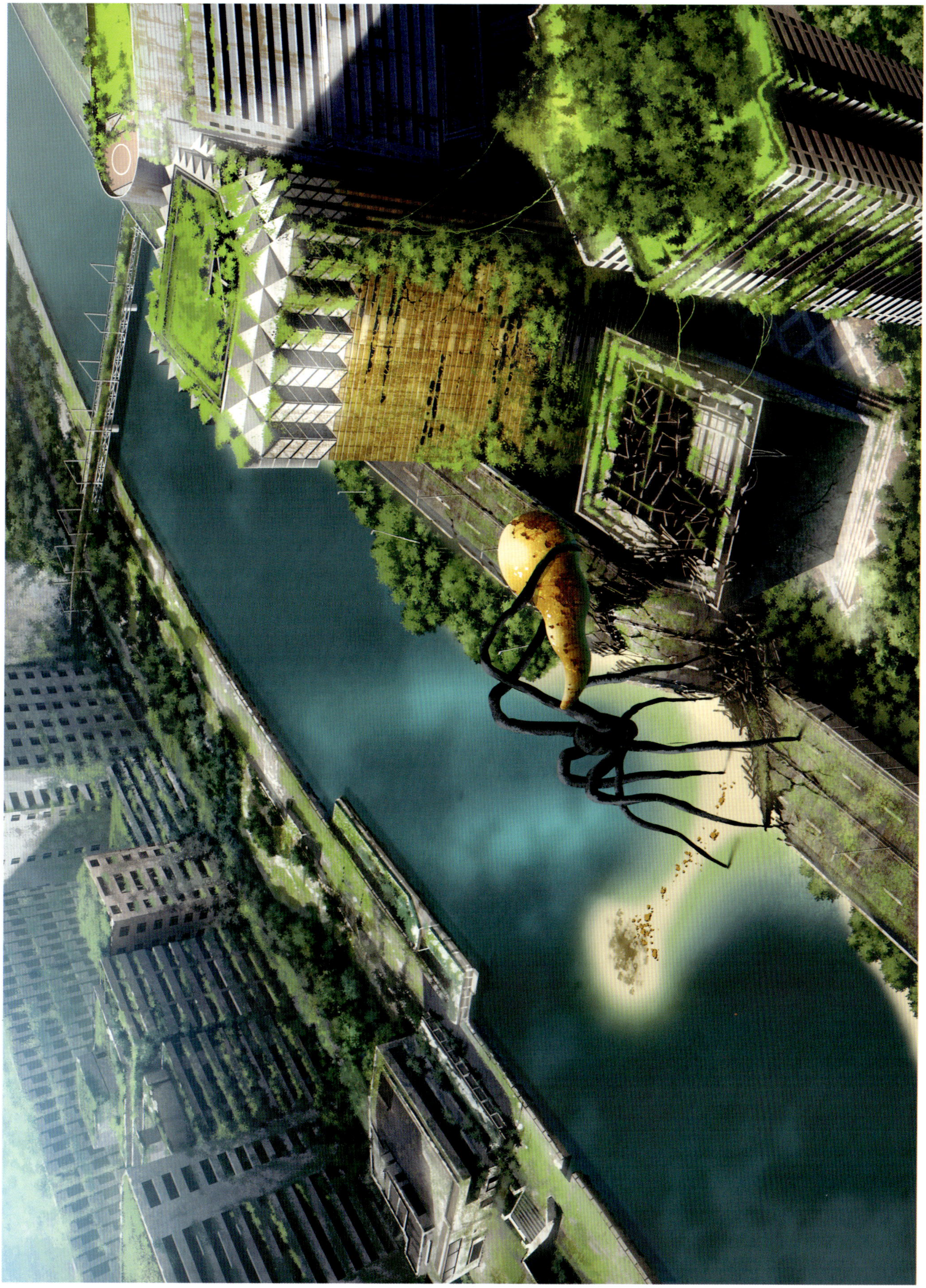

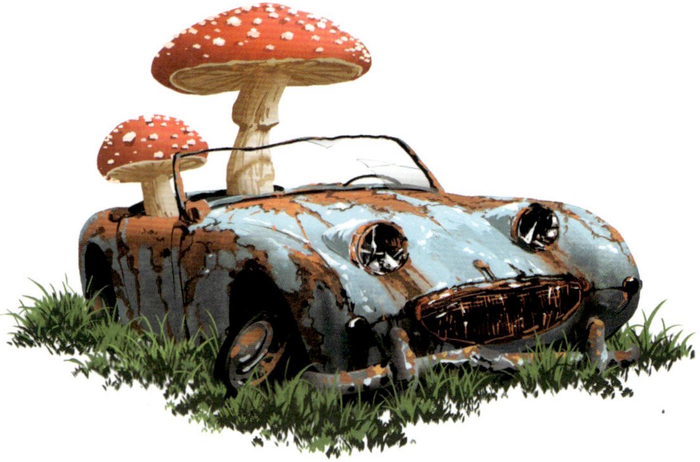

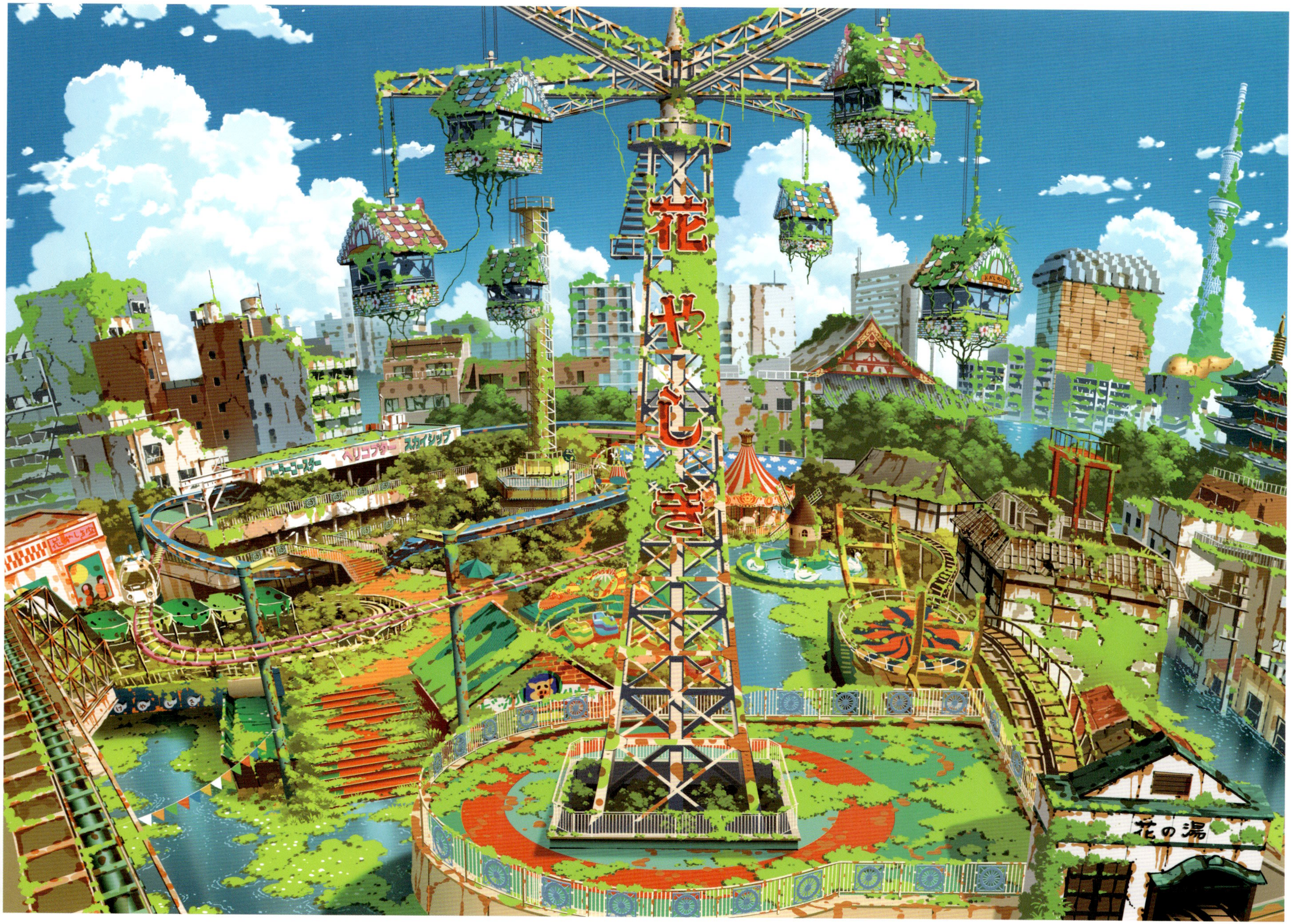
花やしき
ローラーコースター
ヘリコプター
スカイシップ
花の湯

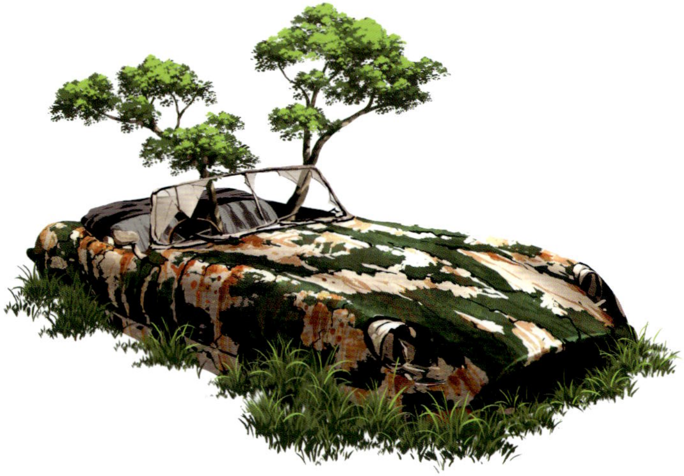

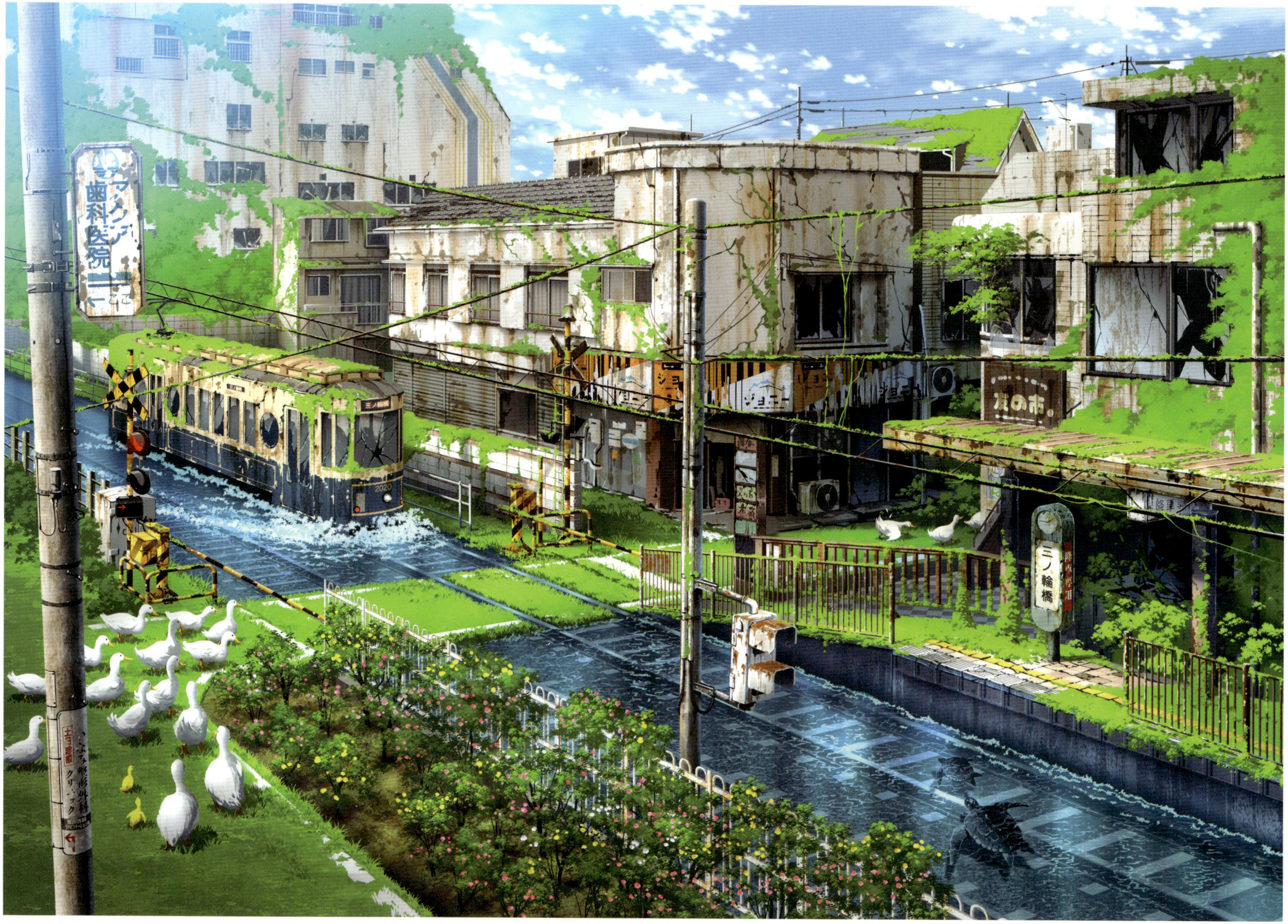
歯科医院
三ノ輪橋
降車専用

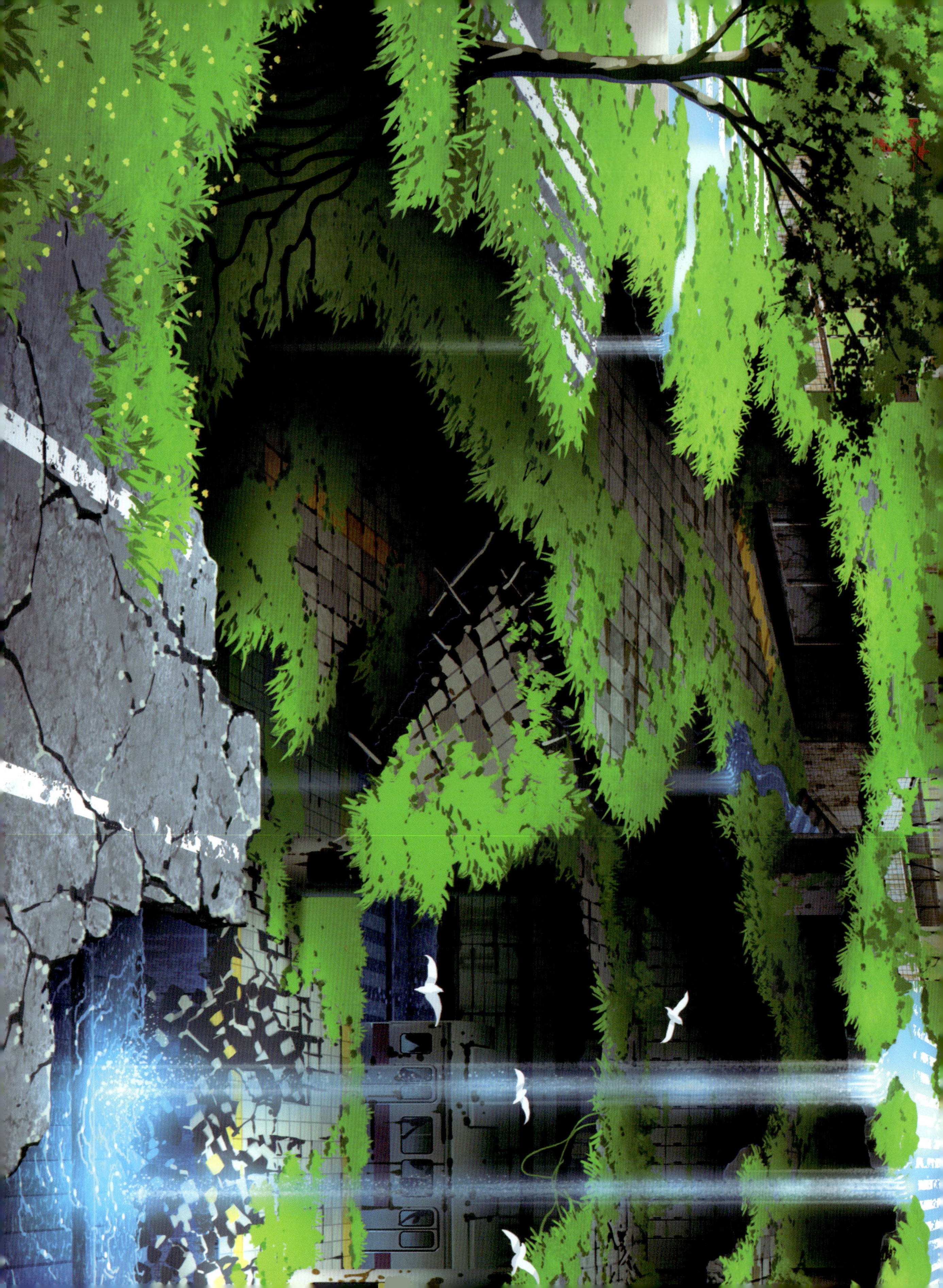

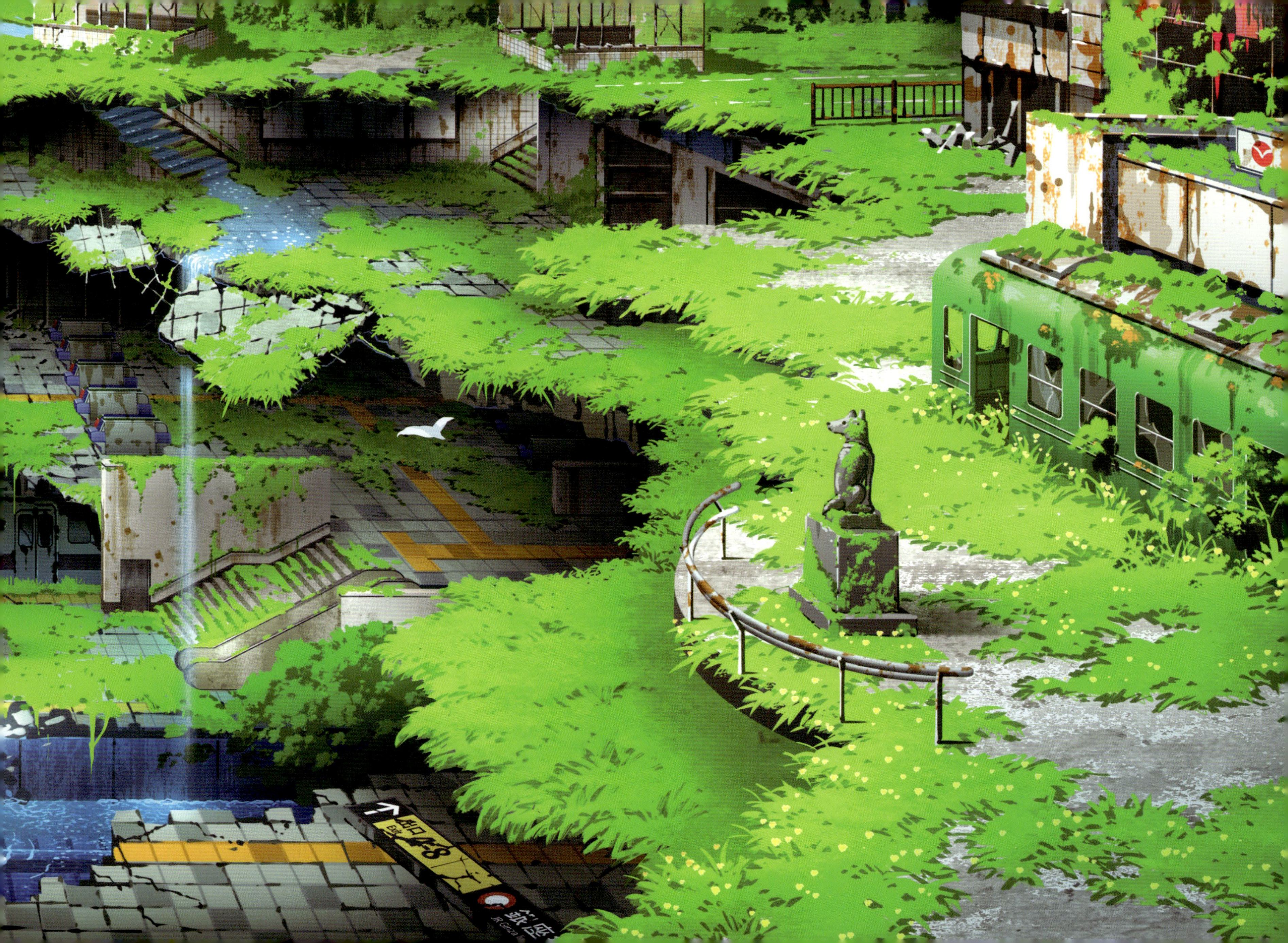
出口
Exit
銀座
JR Ginza

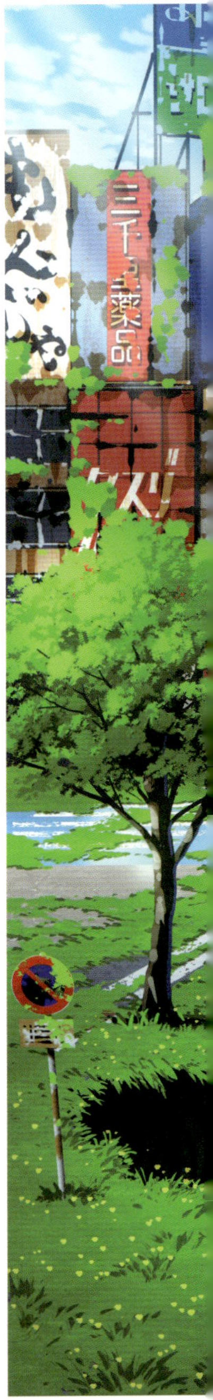

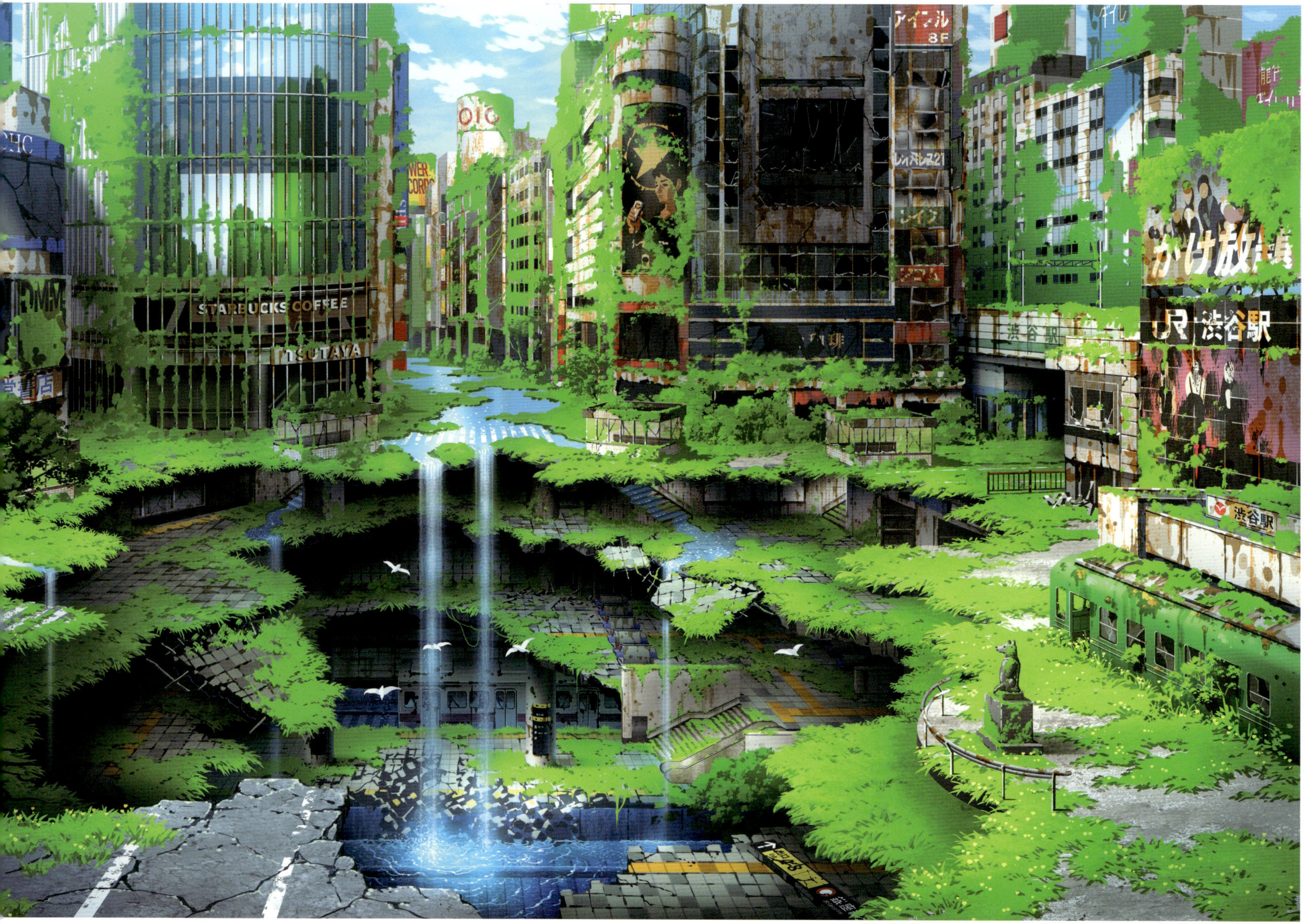
STARBUCKS COFFEE
TSUTAYA
JR 渋谷駅
渋谷駅
アイシル
8F

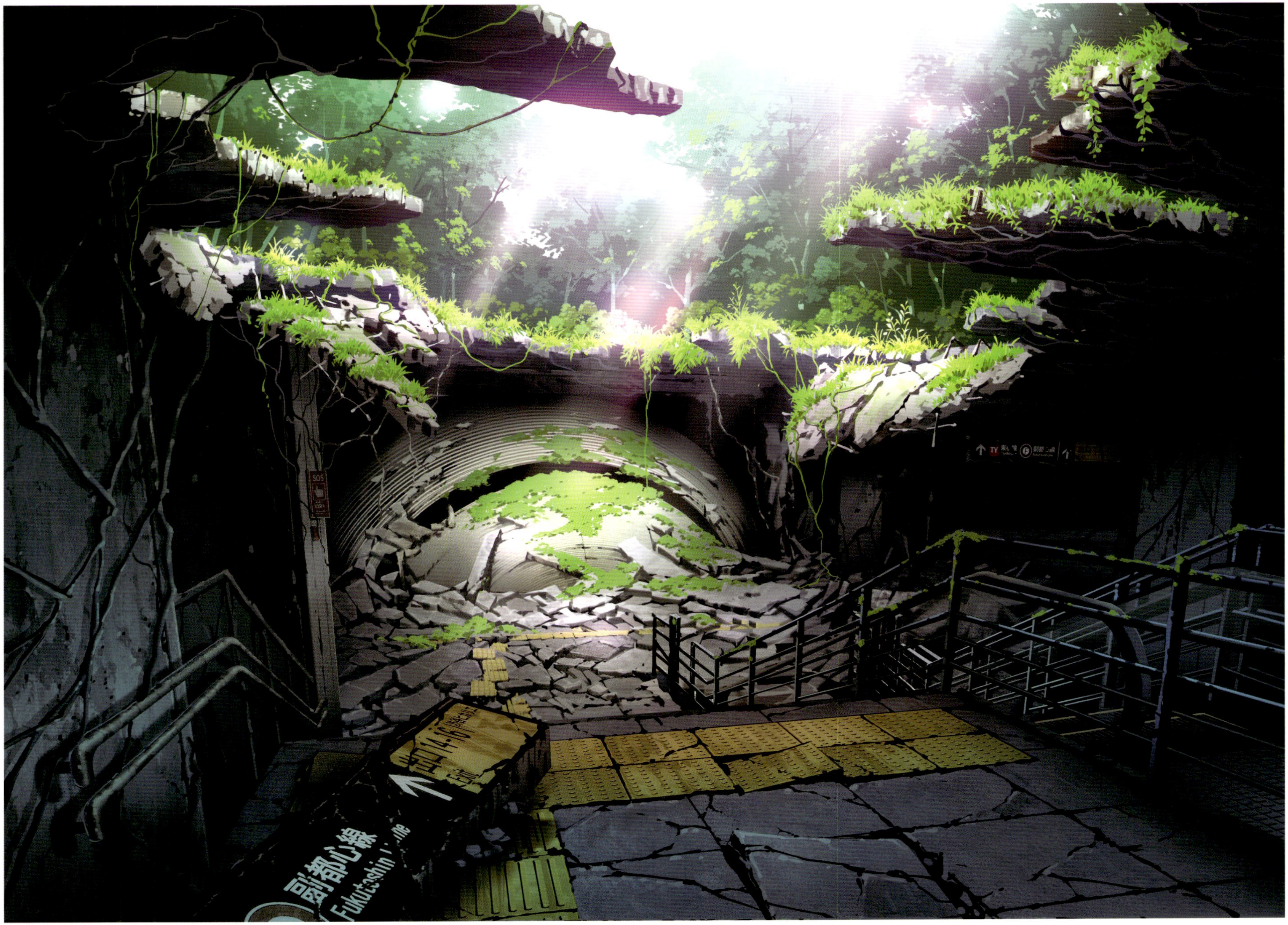
副都心線
Fukutoshin
出口14-16
Exit

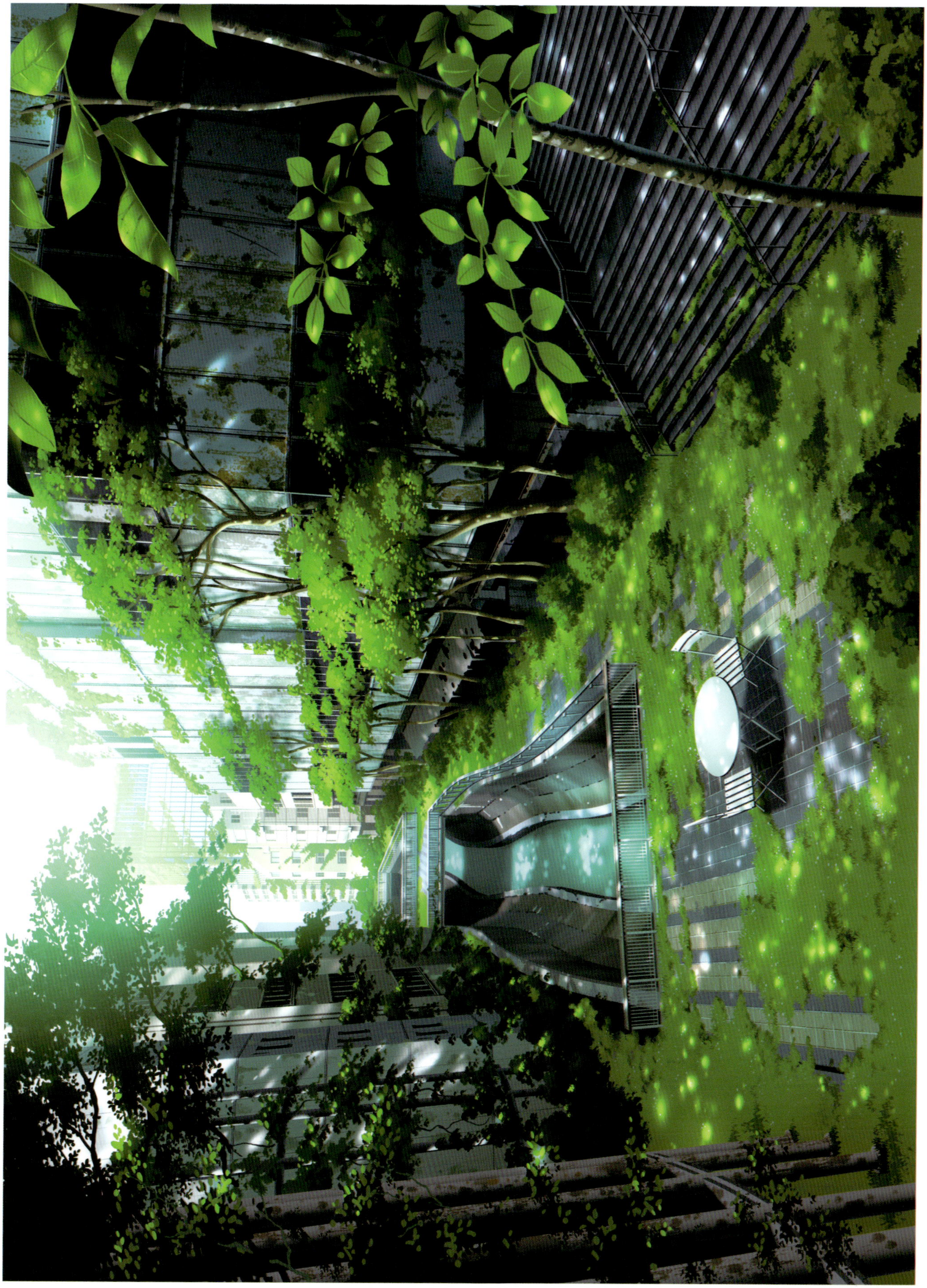

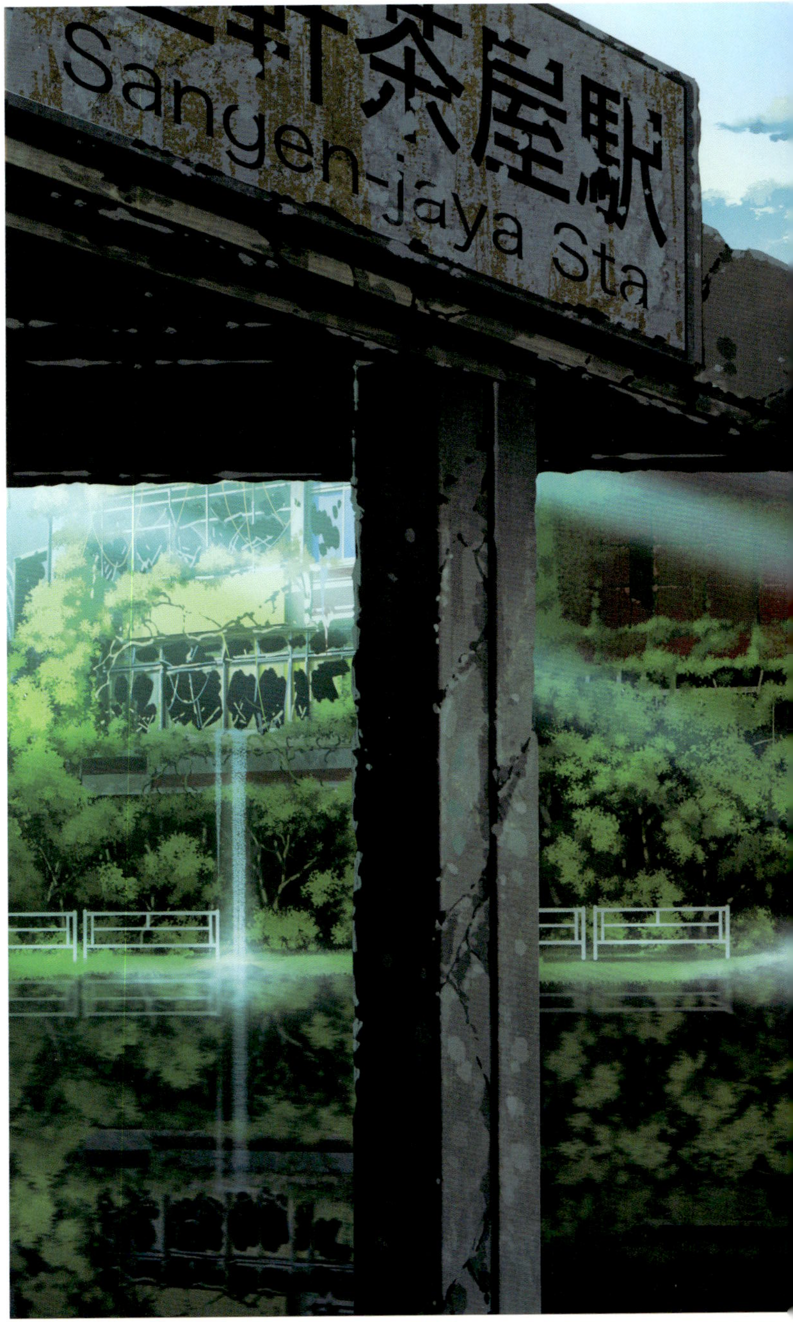
軒茶屋駅
Sangen-jaya Sta

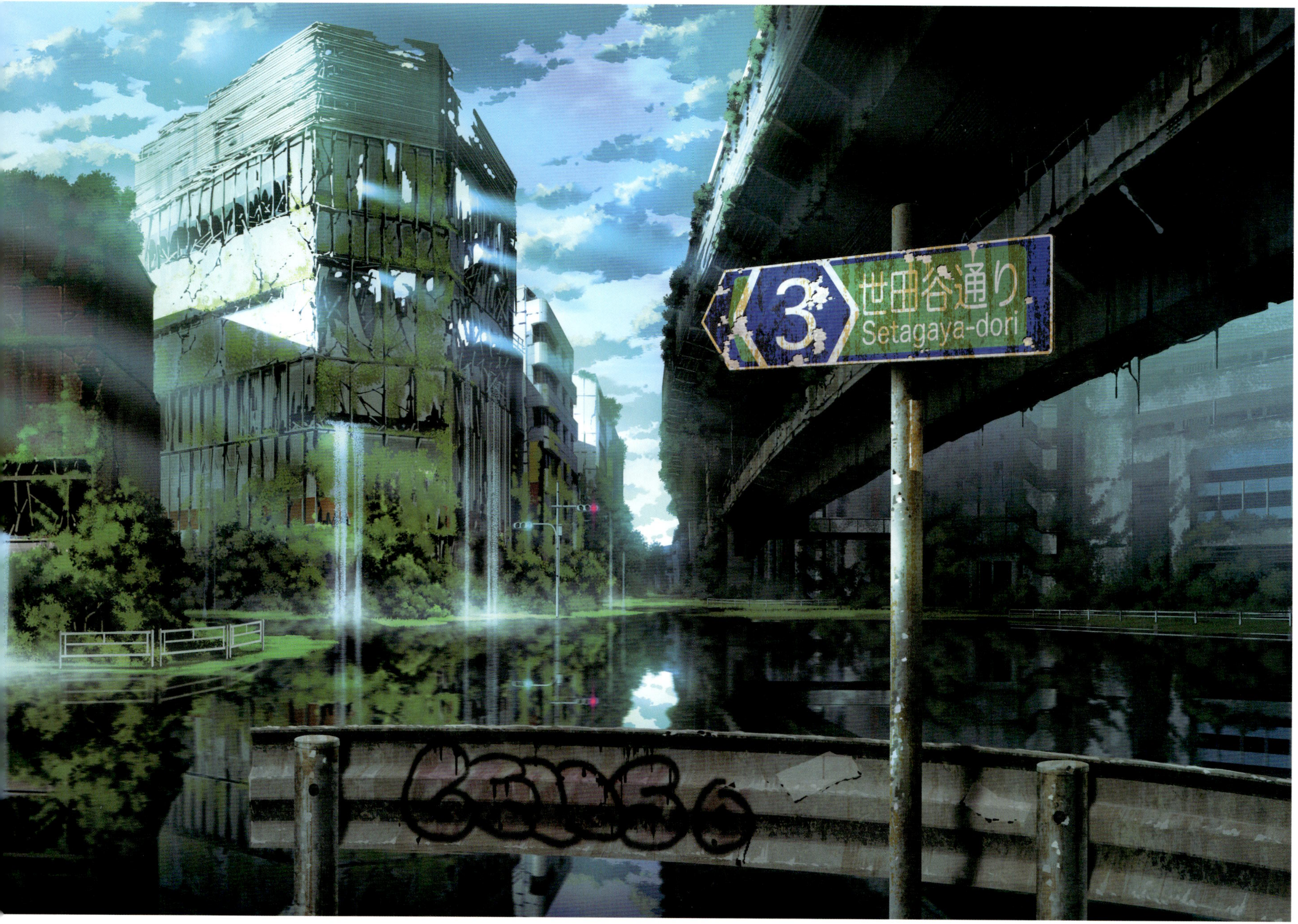
3
世田谷通り
Setagaya-dori

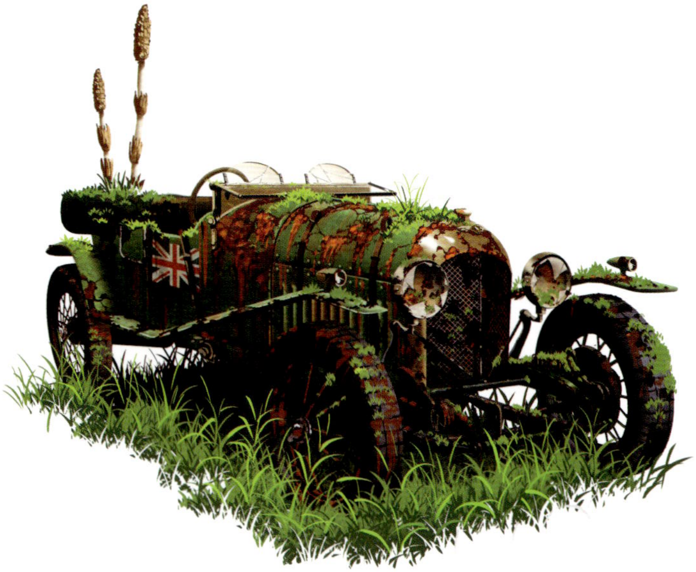

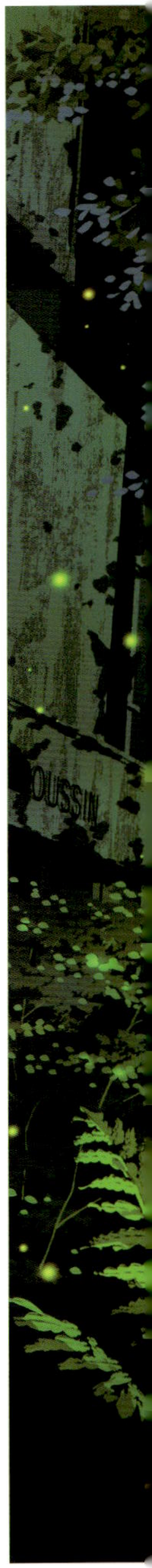

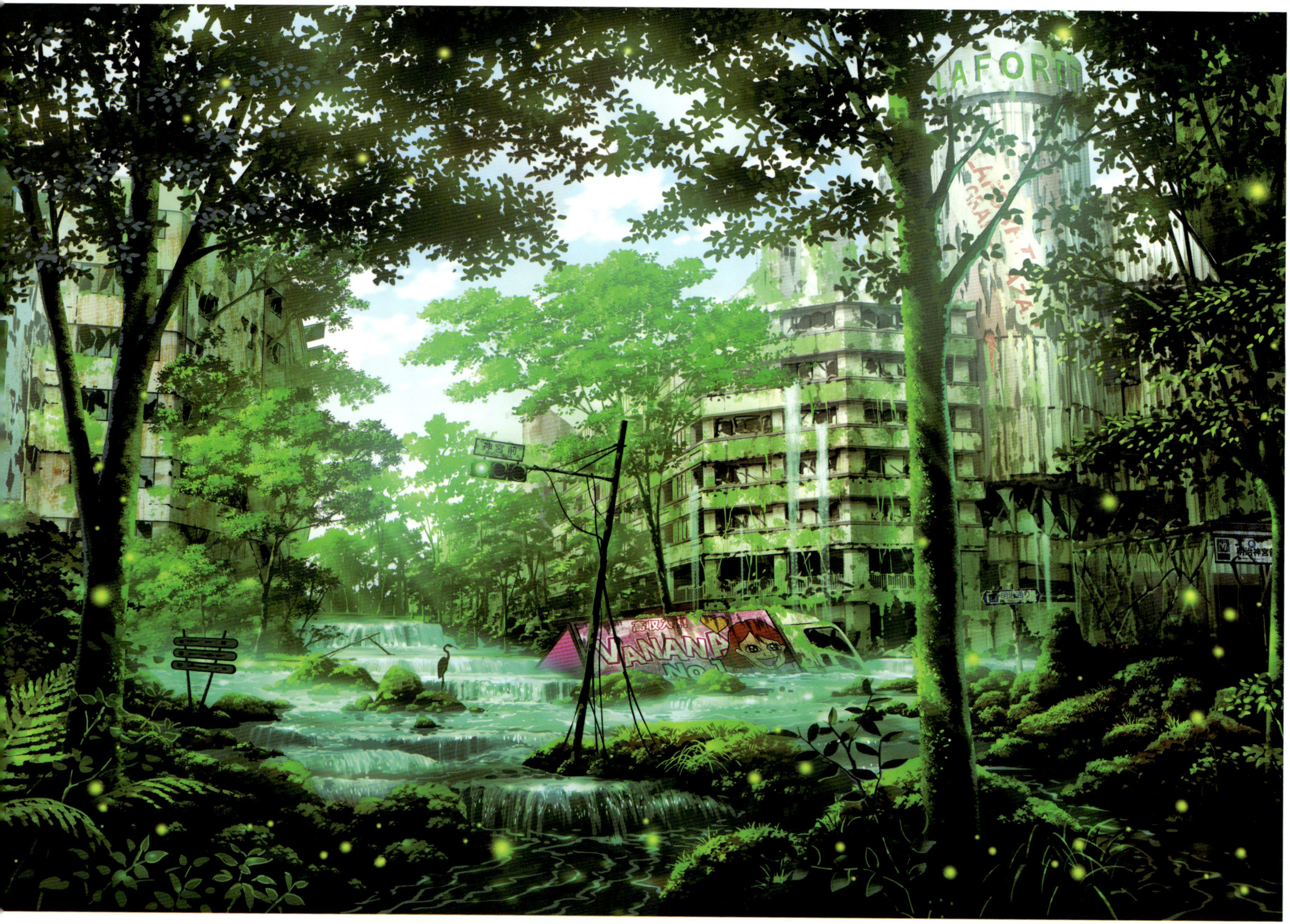
LAFORET
神宮前

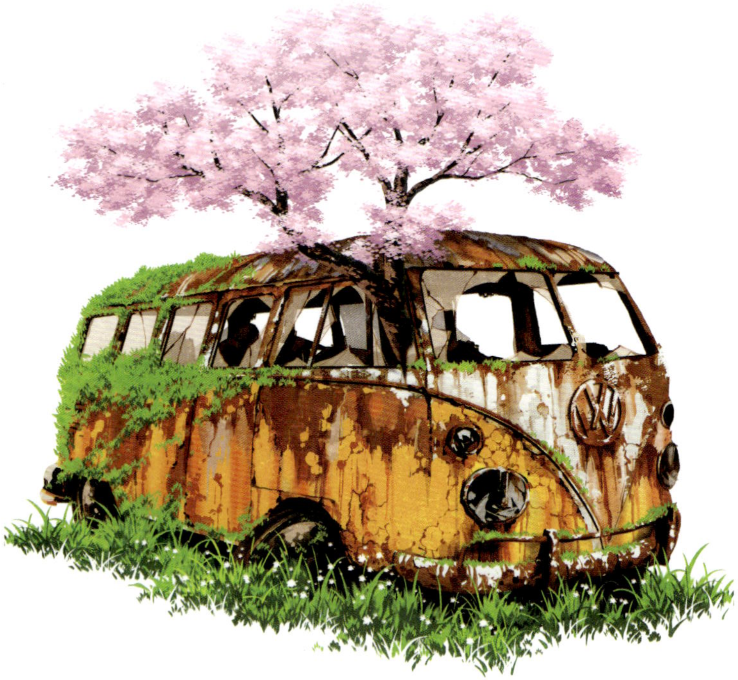

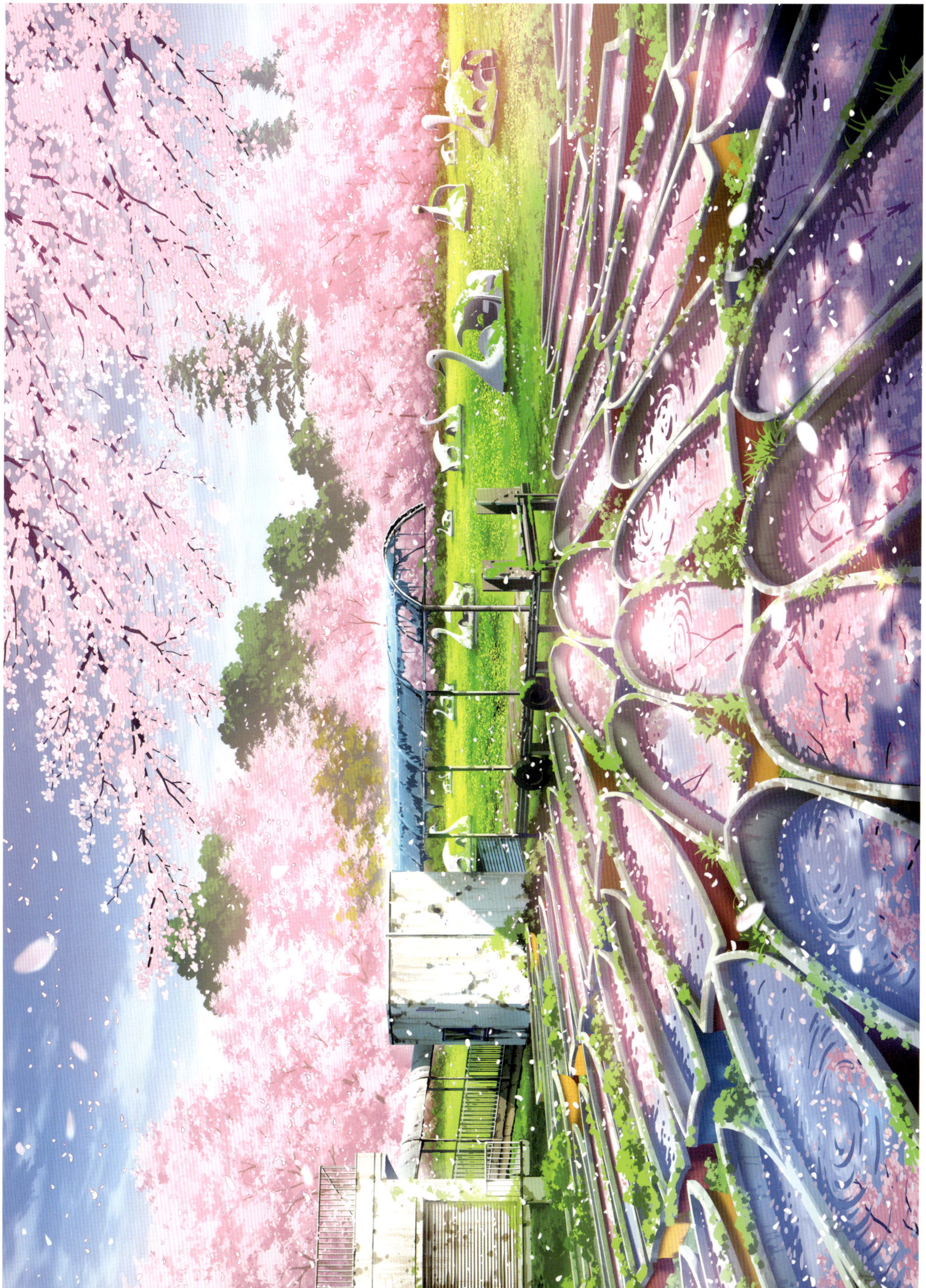

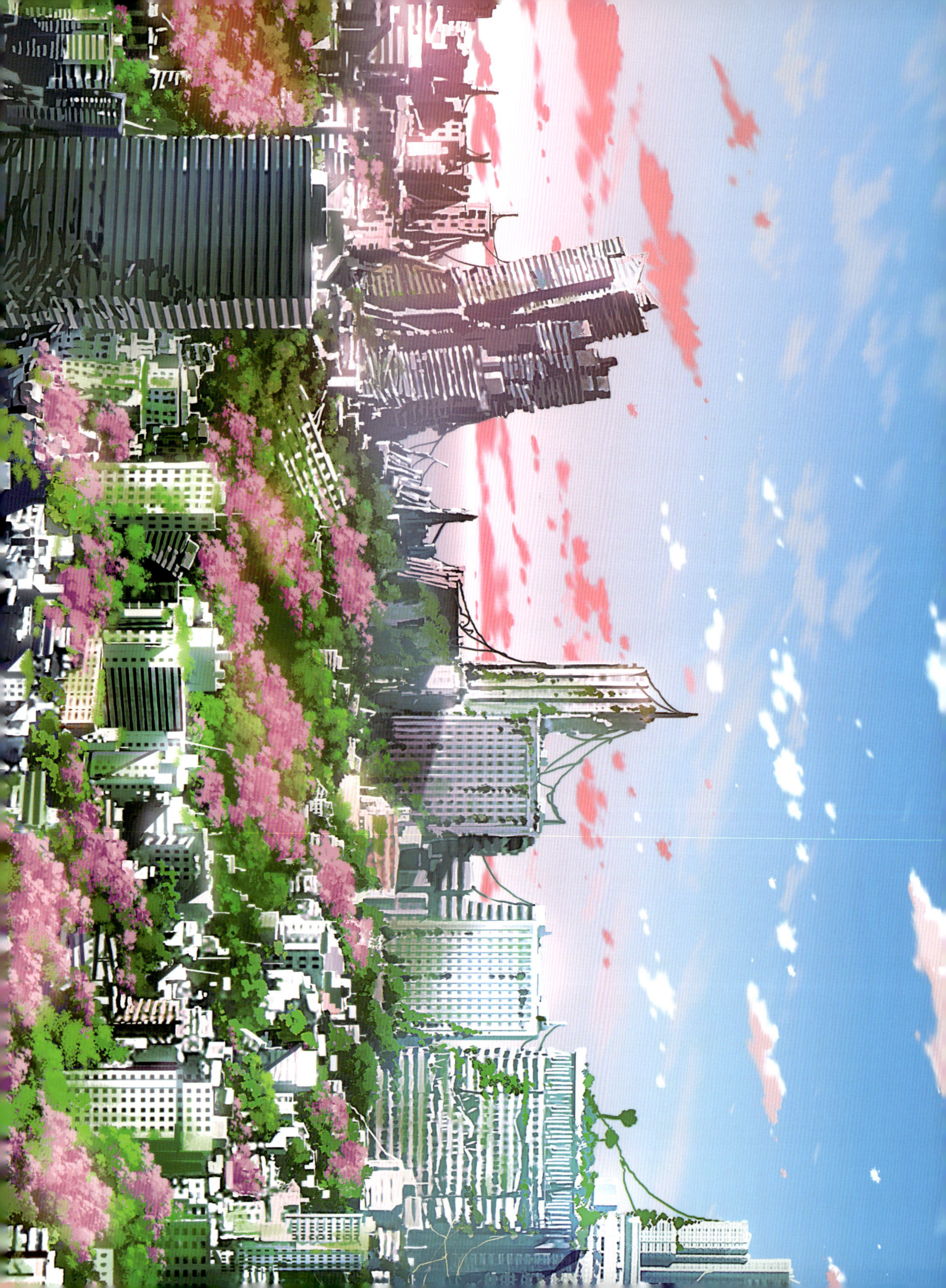

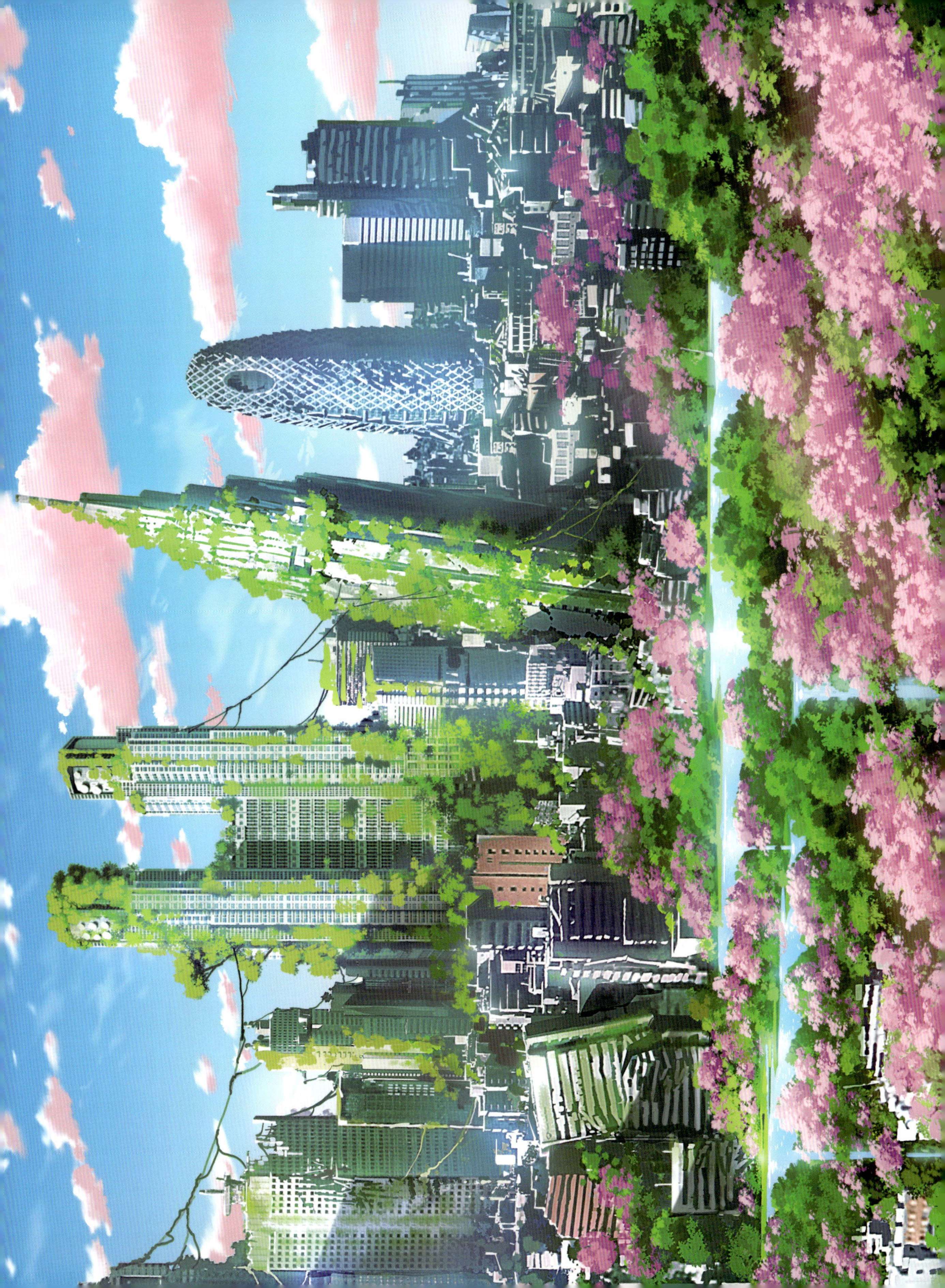

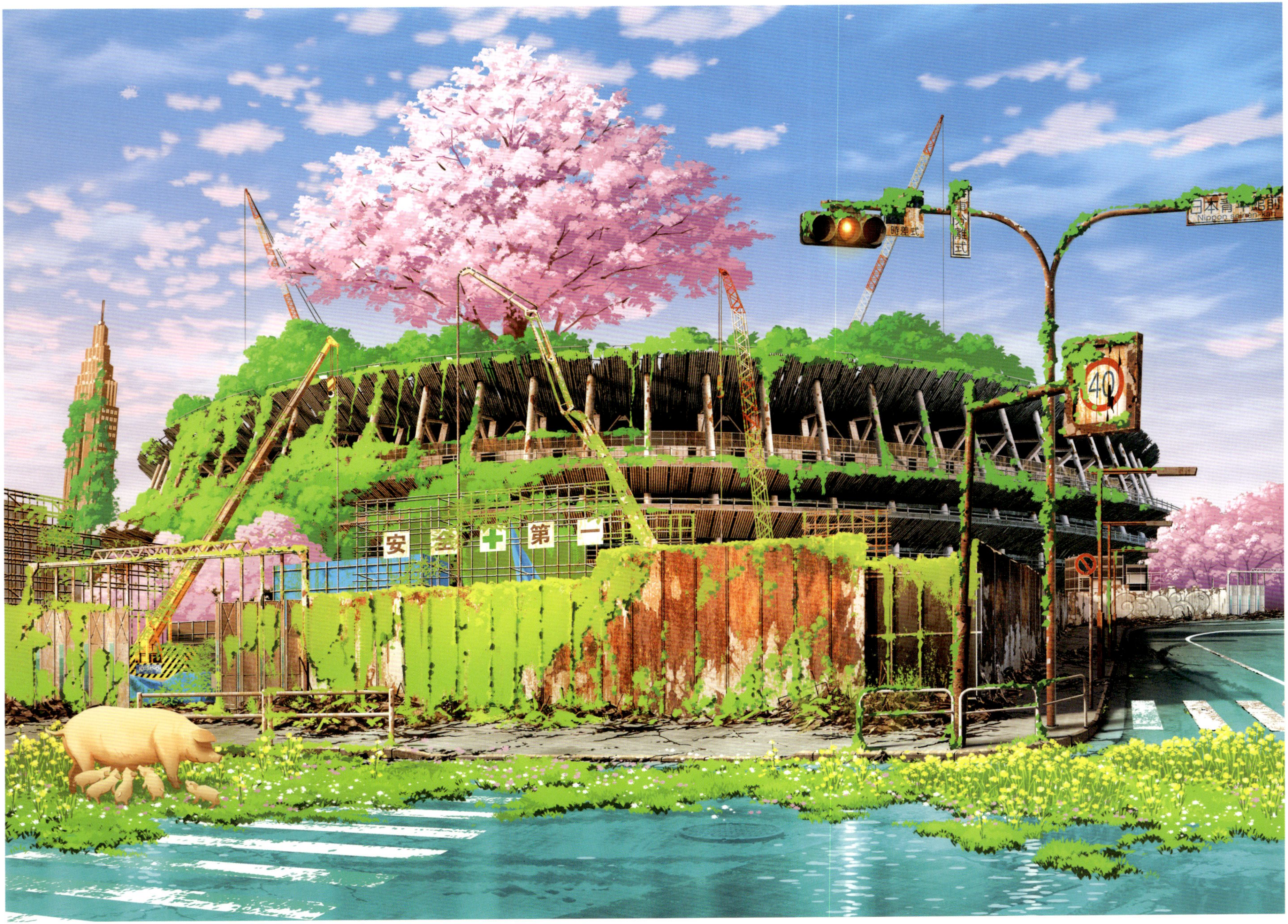
安全第一
40
時差式
Nippon seinen-kan

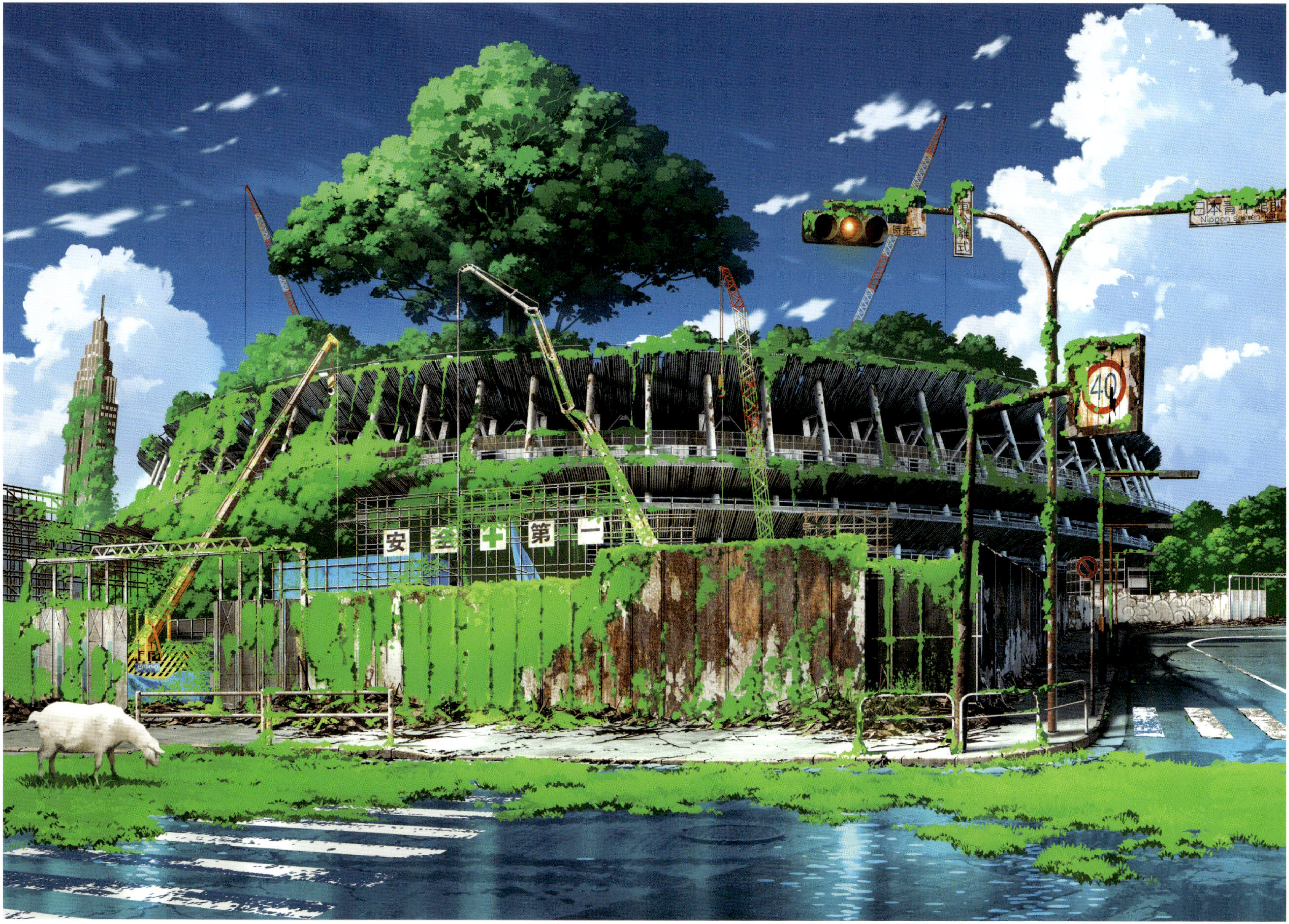
時差式
Nippon seinen-kan
40
安全第一

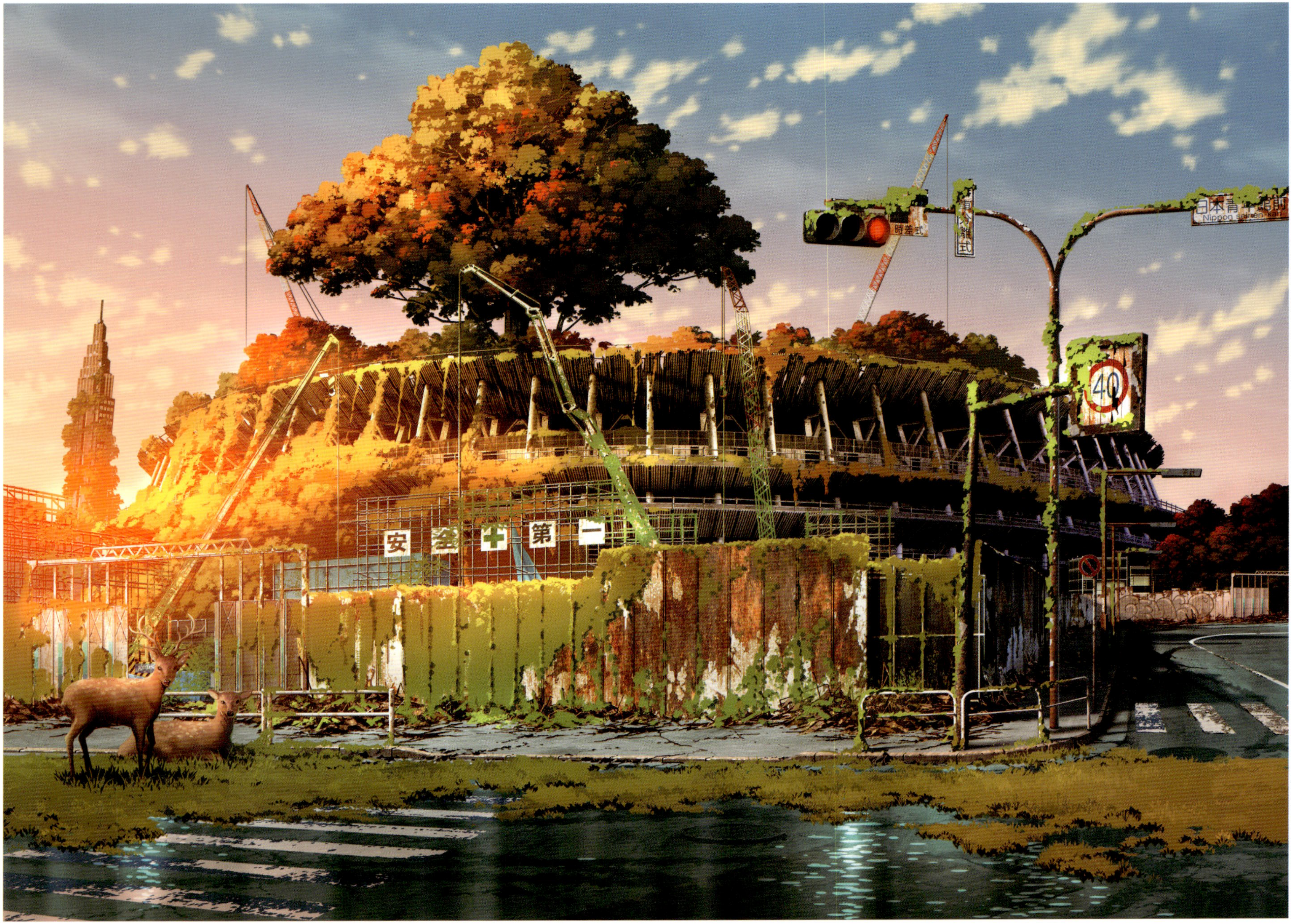
安全第一
40

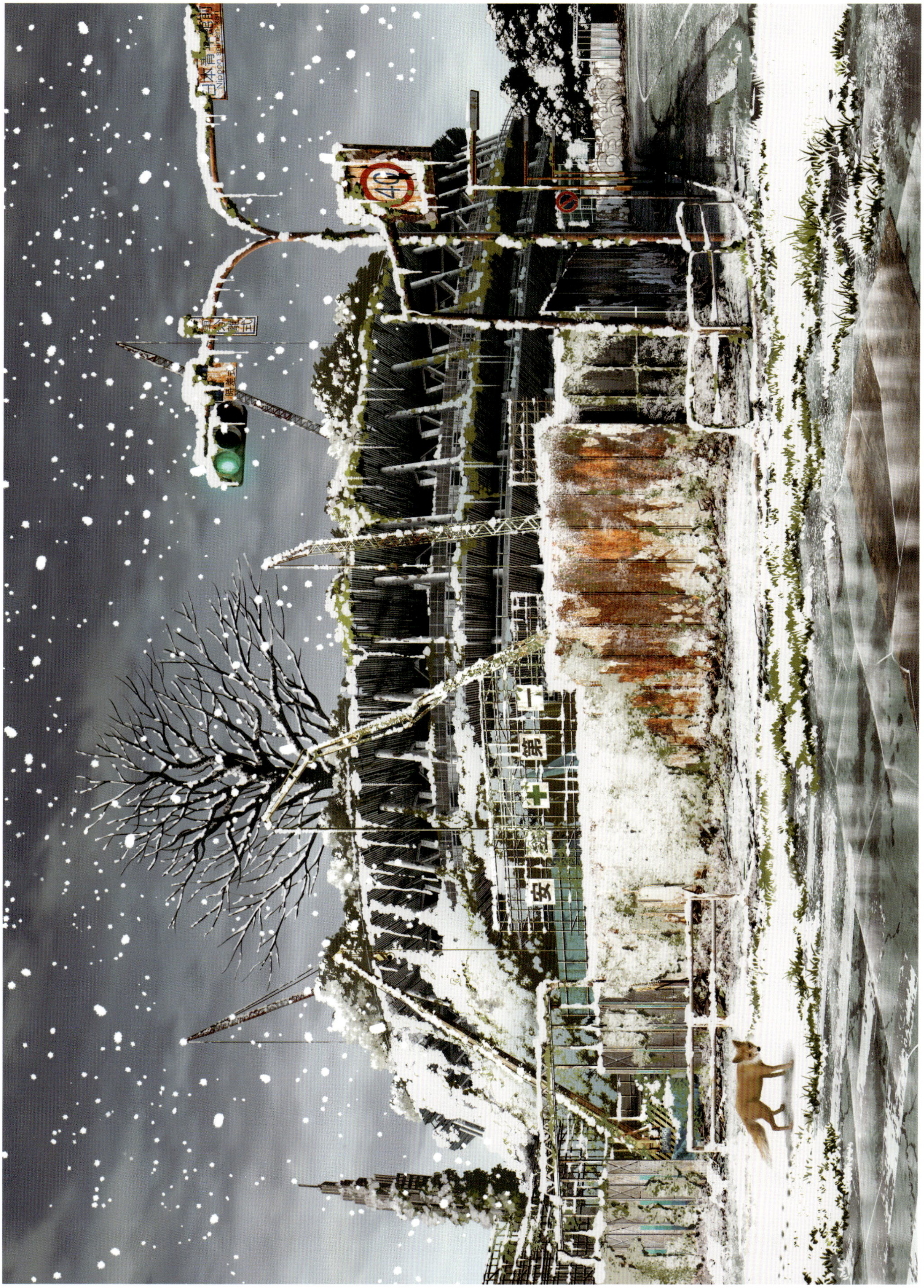
安全第一
40

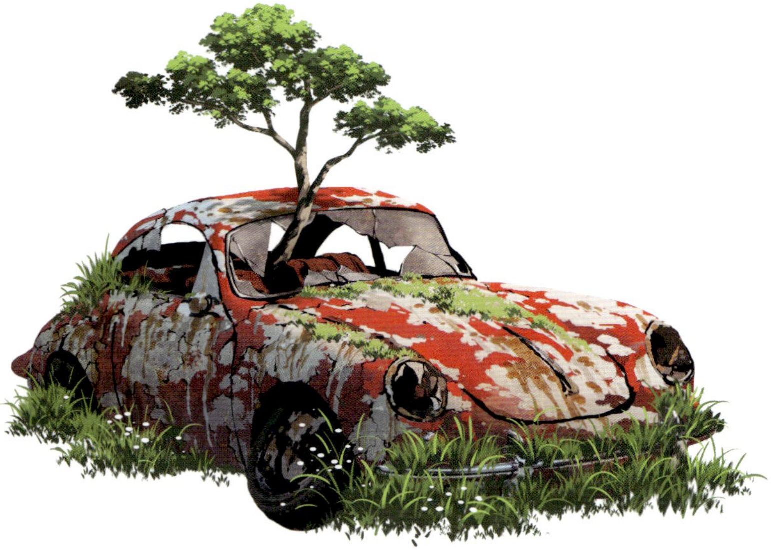

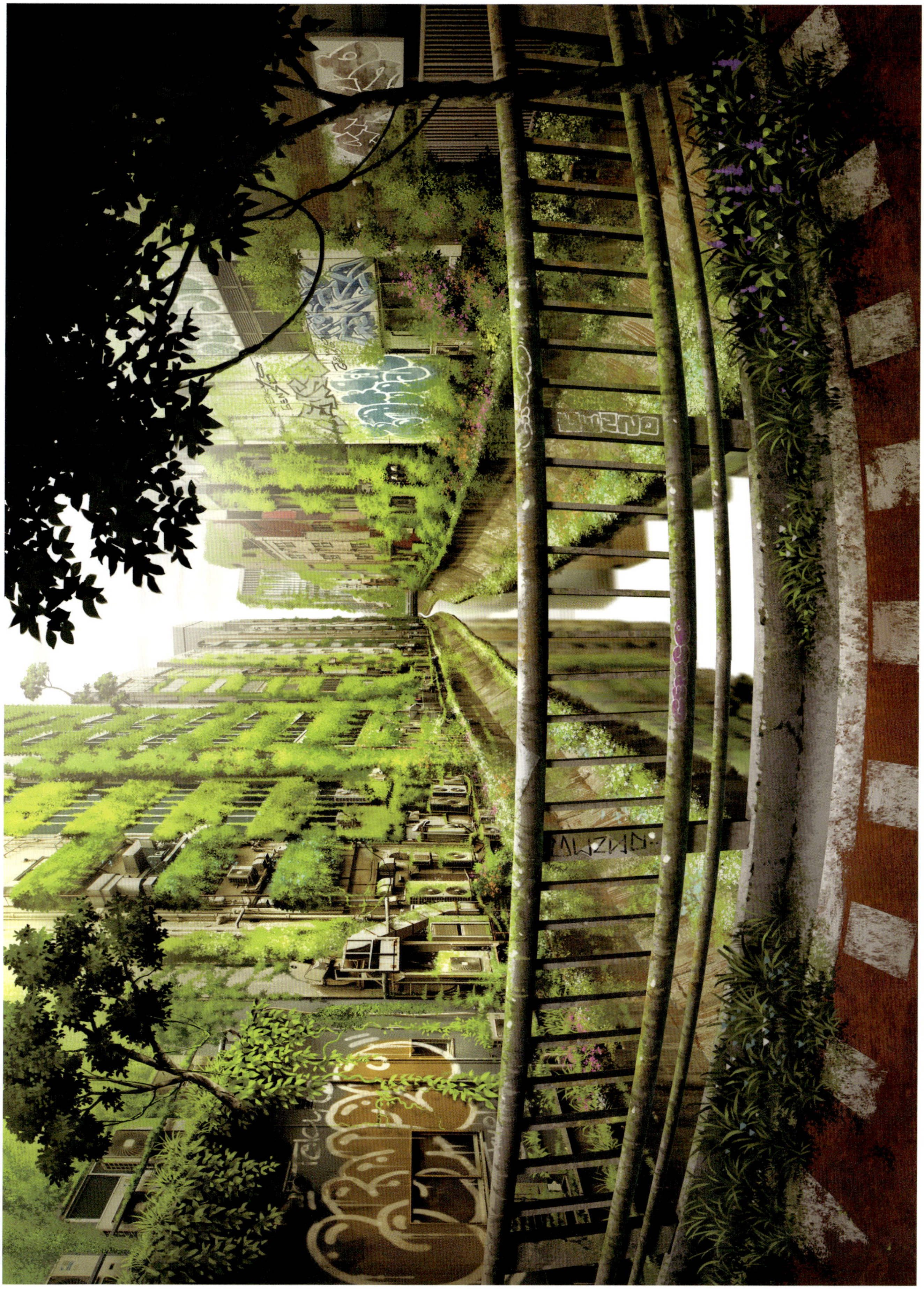

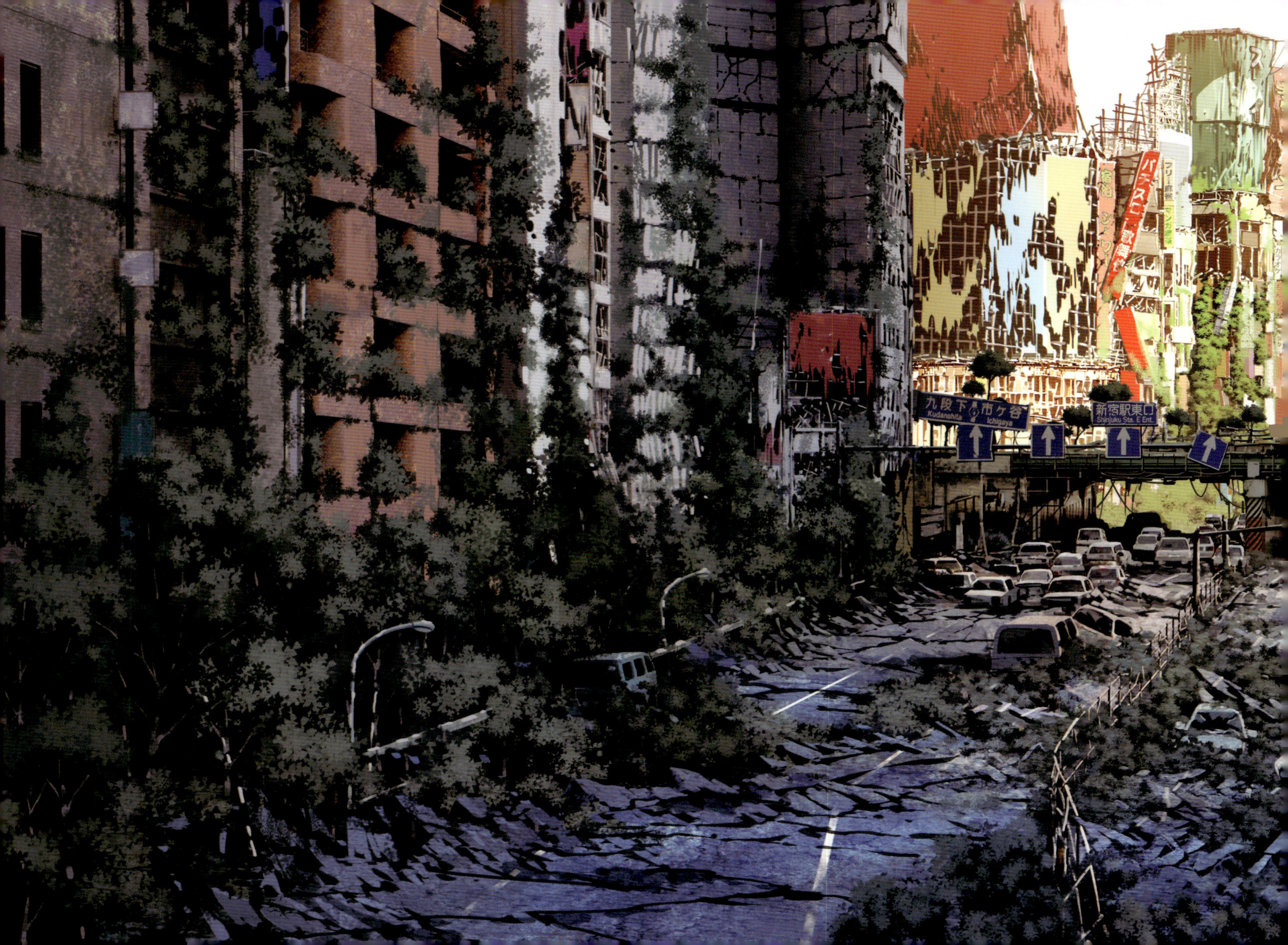

九段下
Kudanshita
市ケ谷
Ichigaya
新宿駅東口
Shinjuku Sta. E Ent.

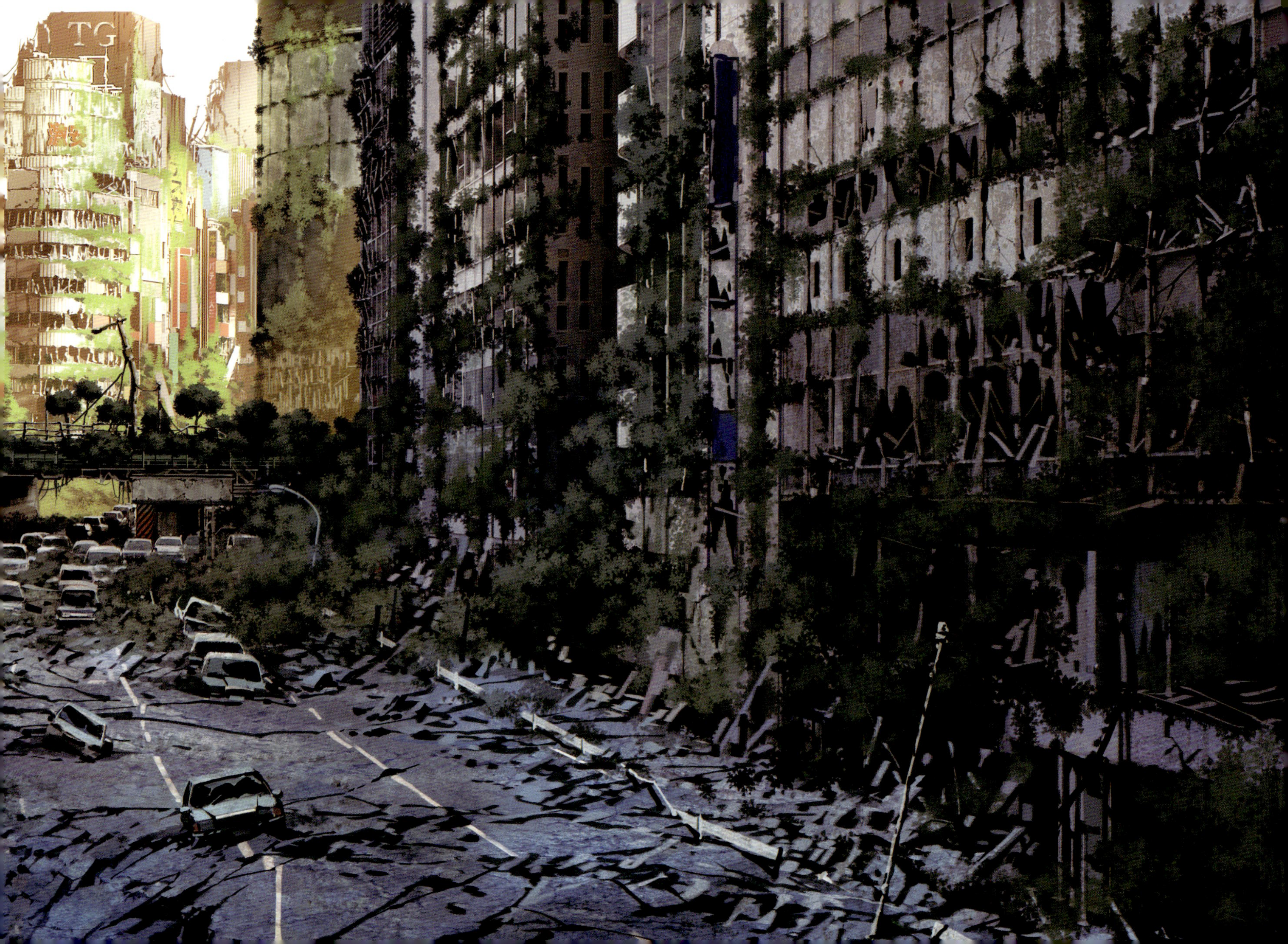
TG

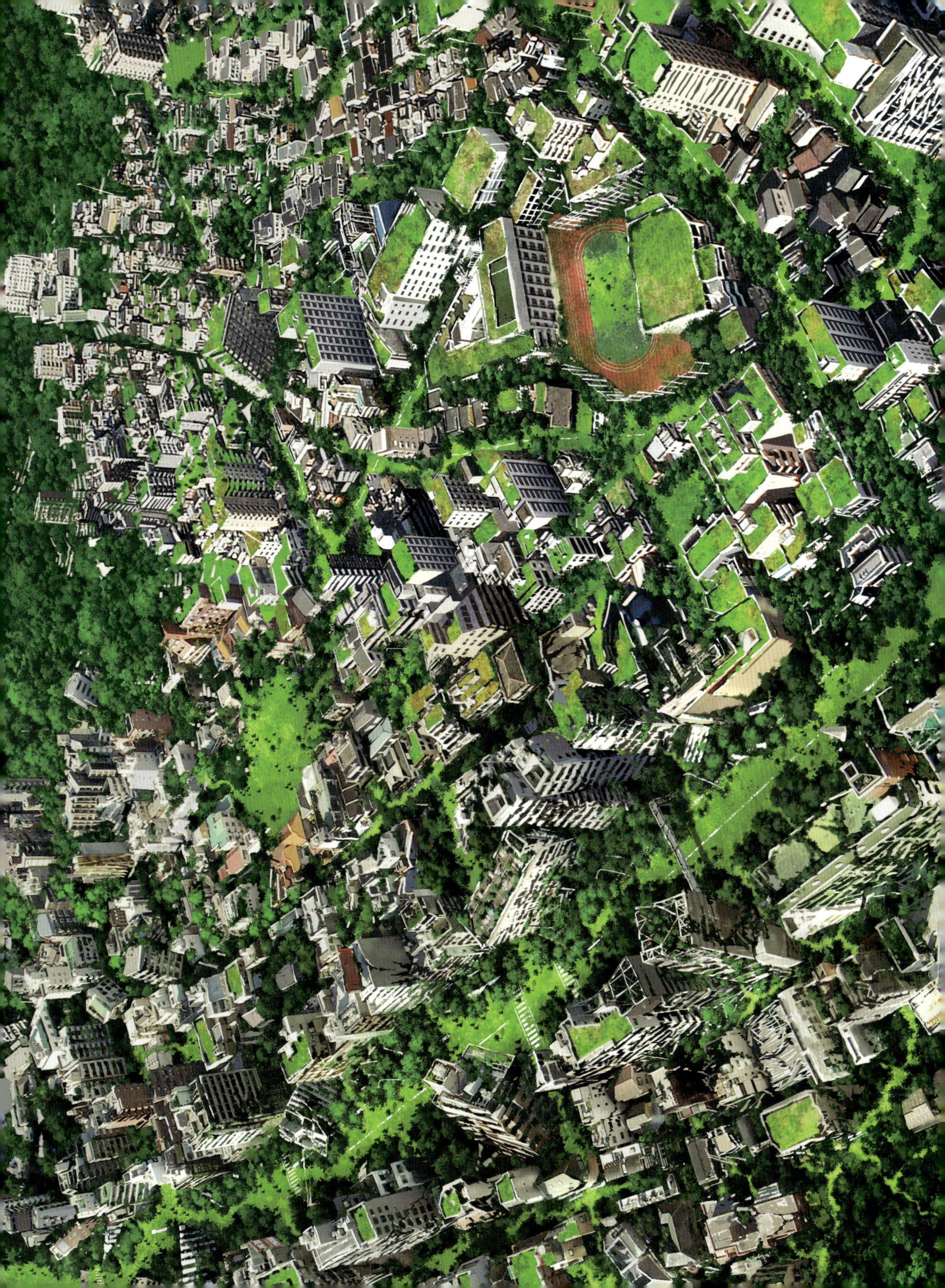

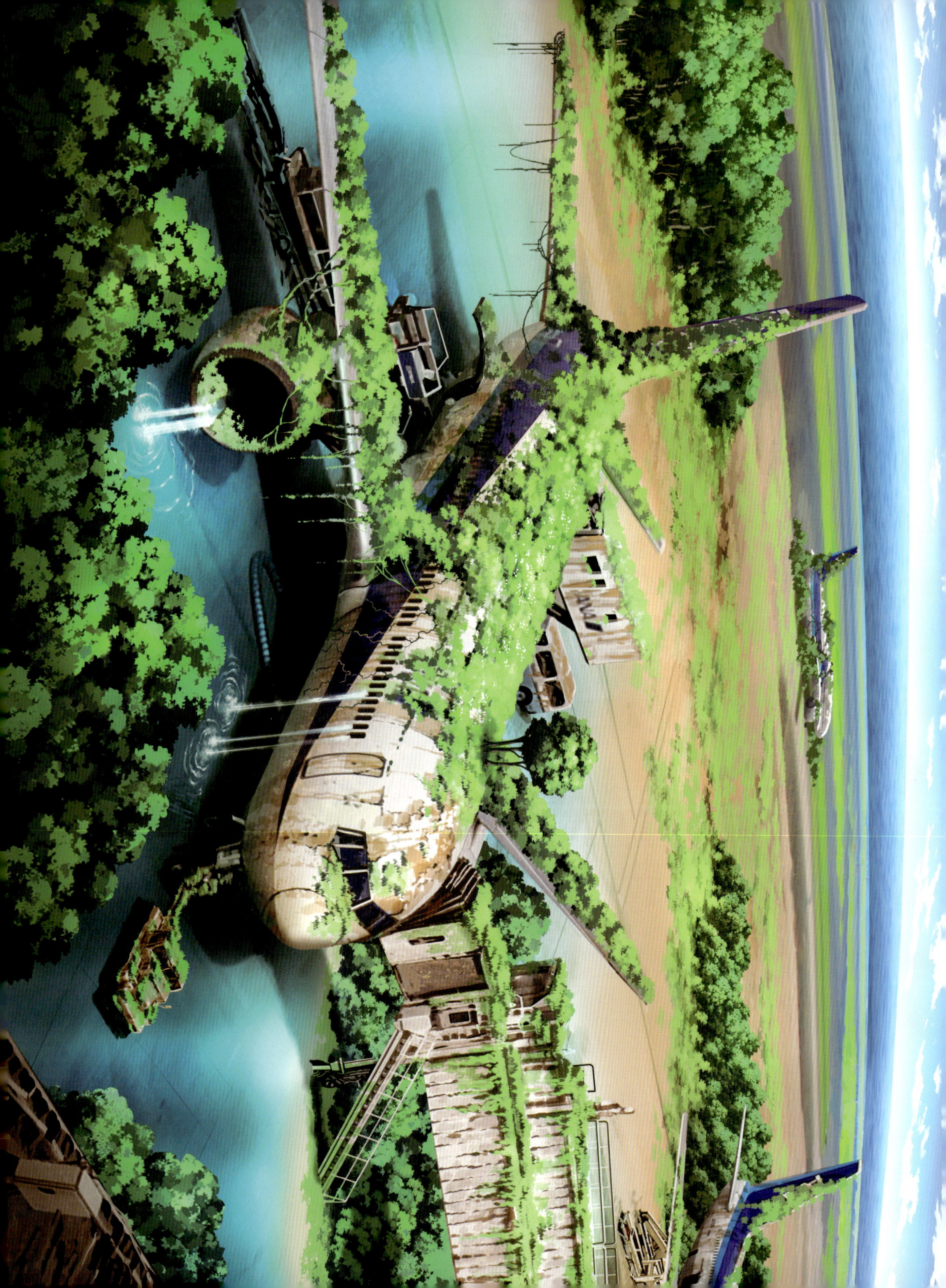

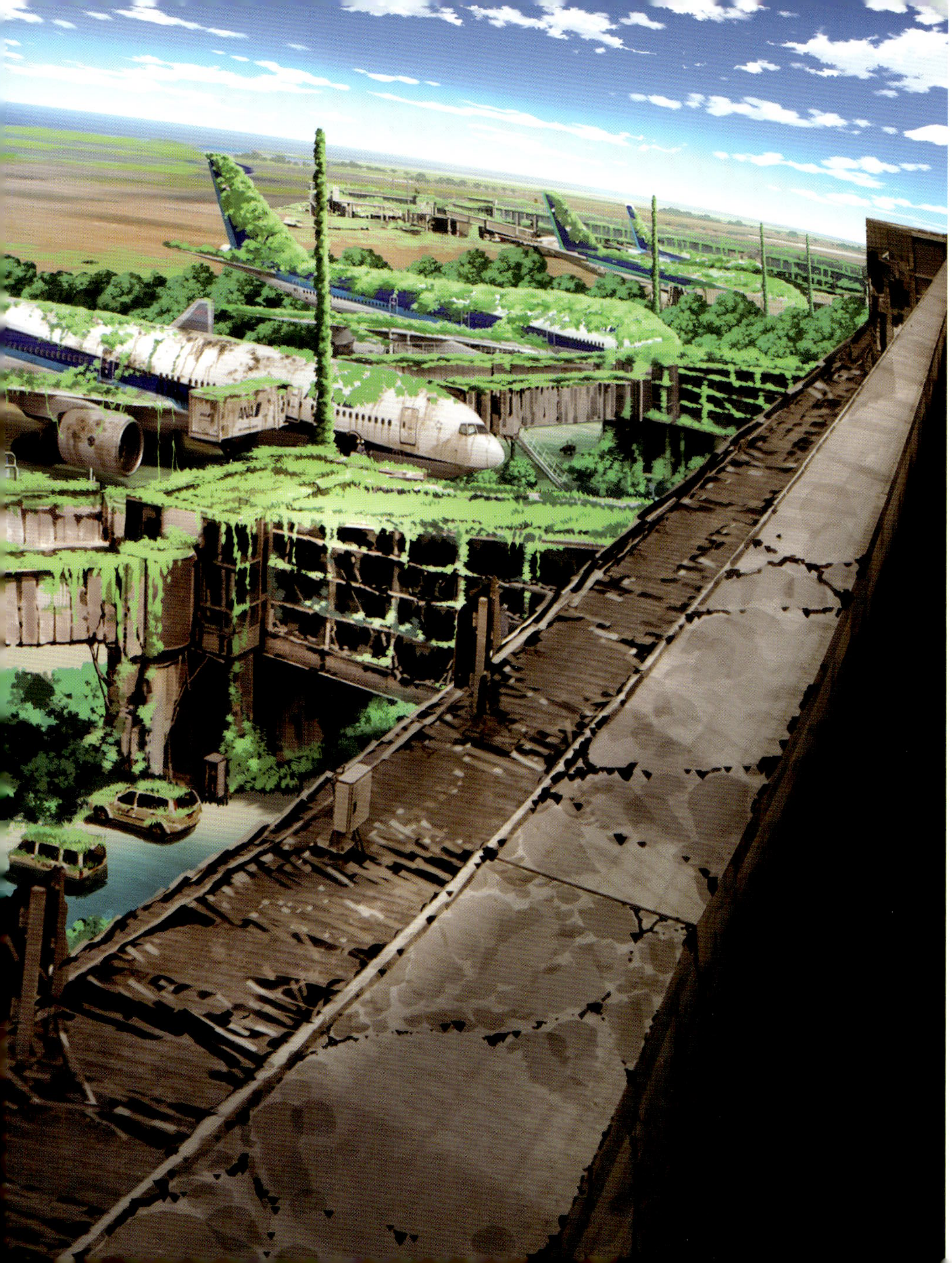

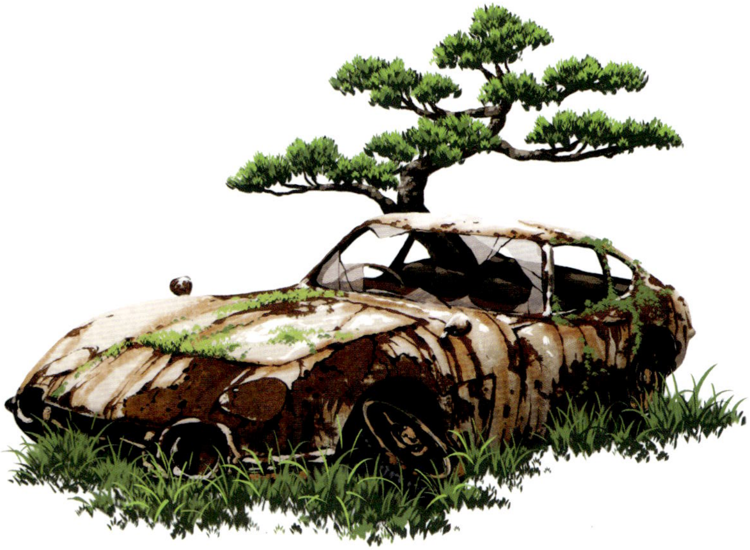

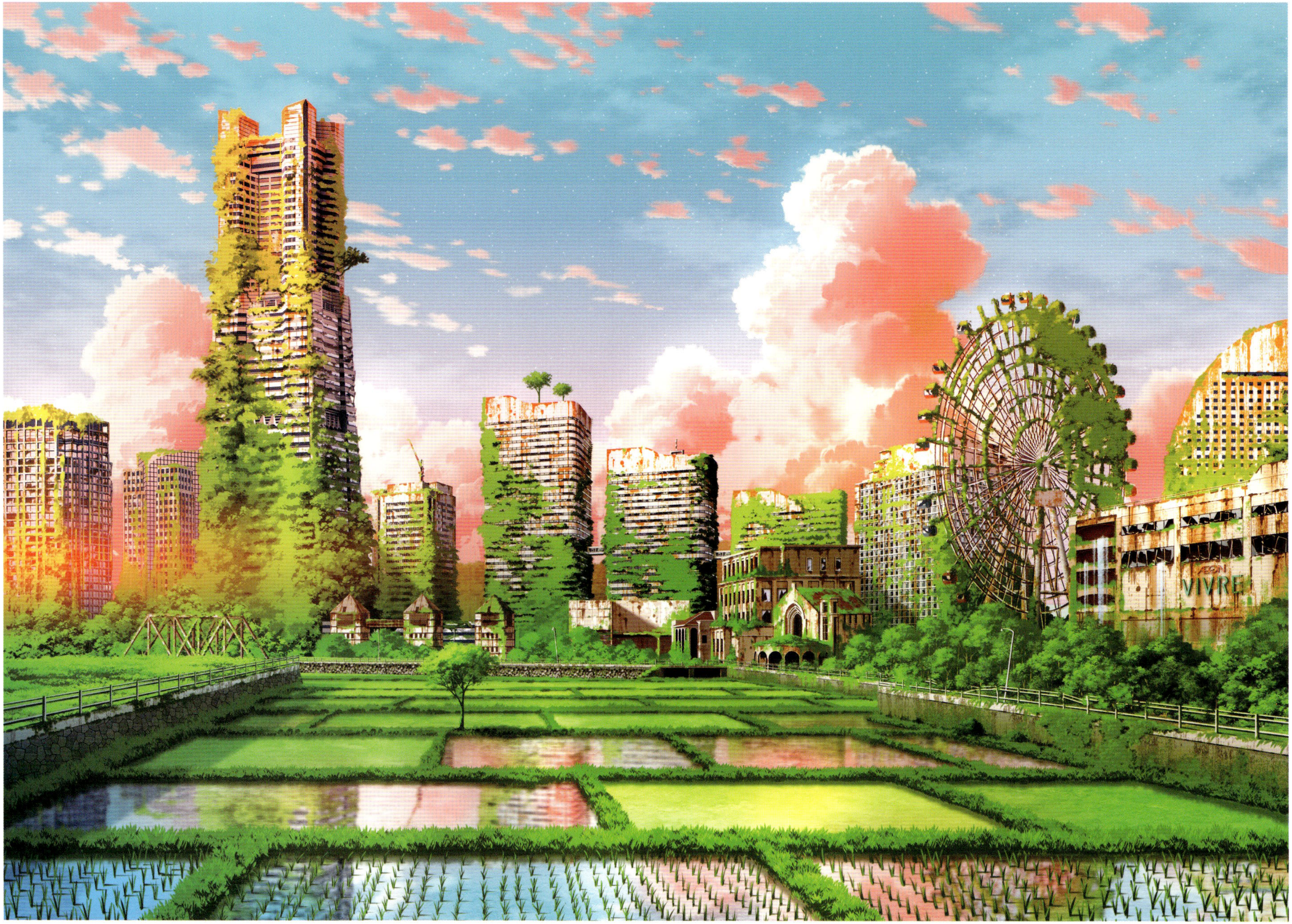
VIVRE

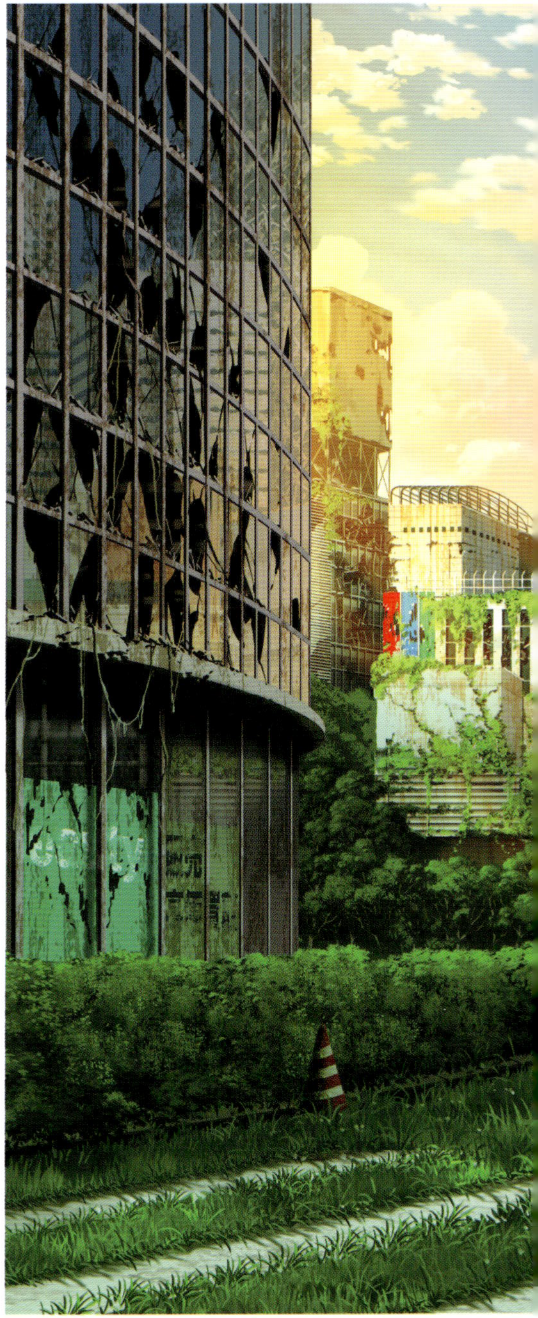

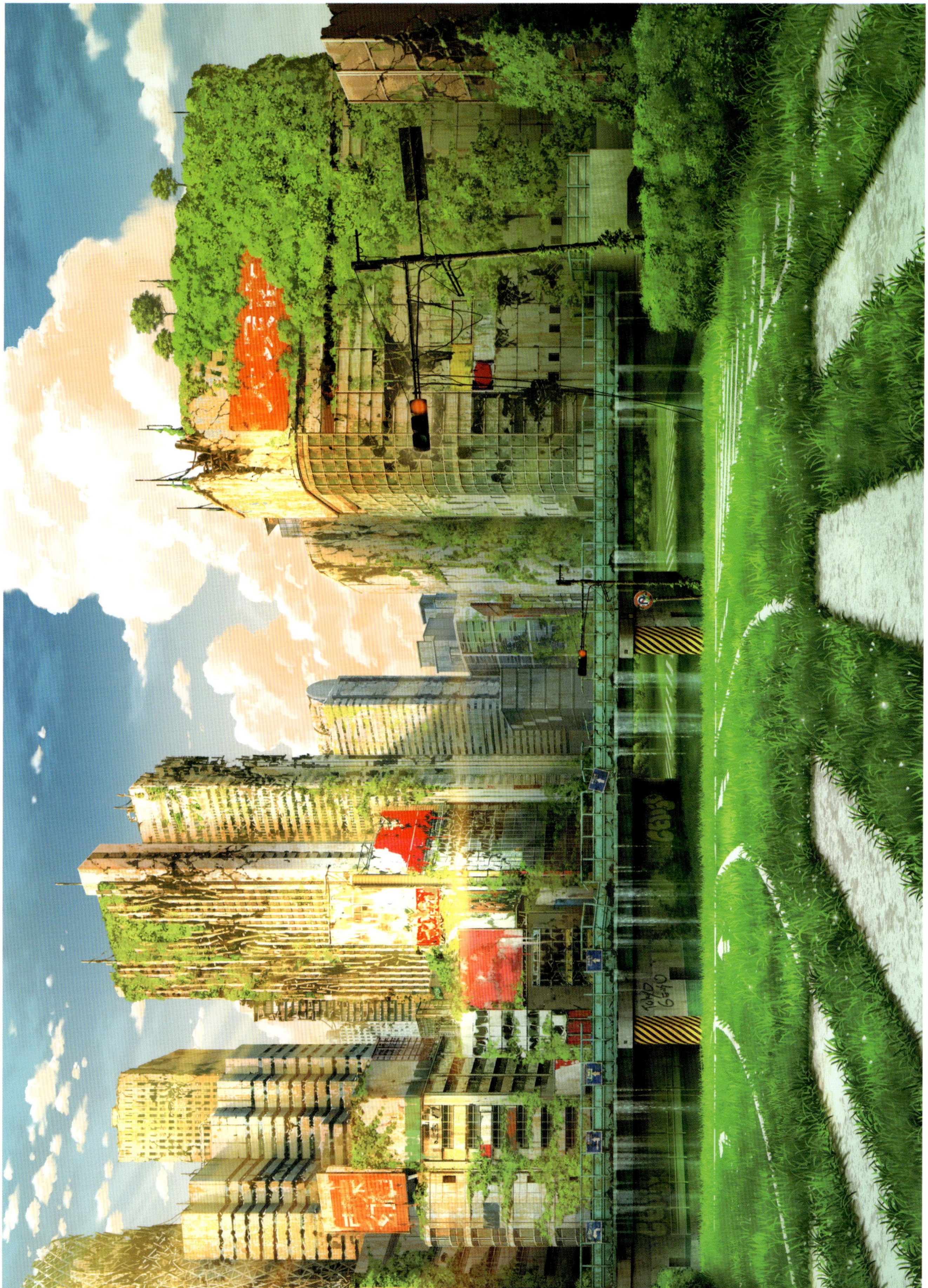

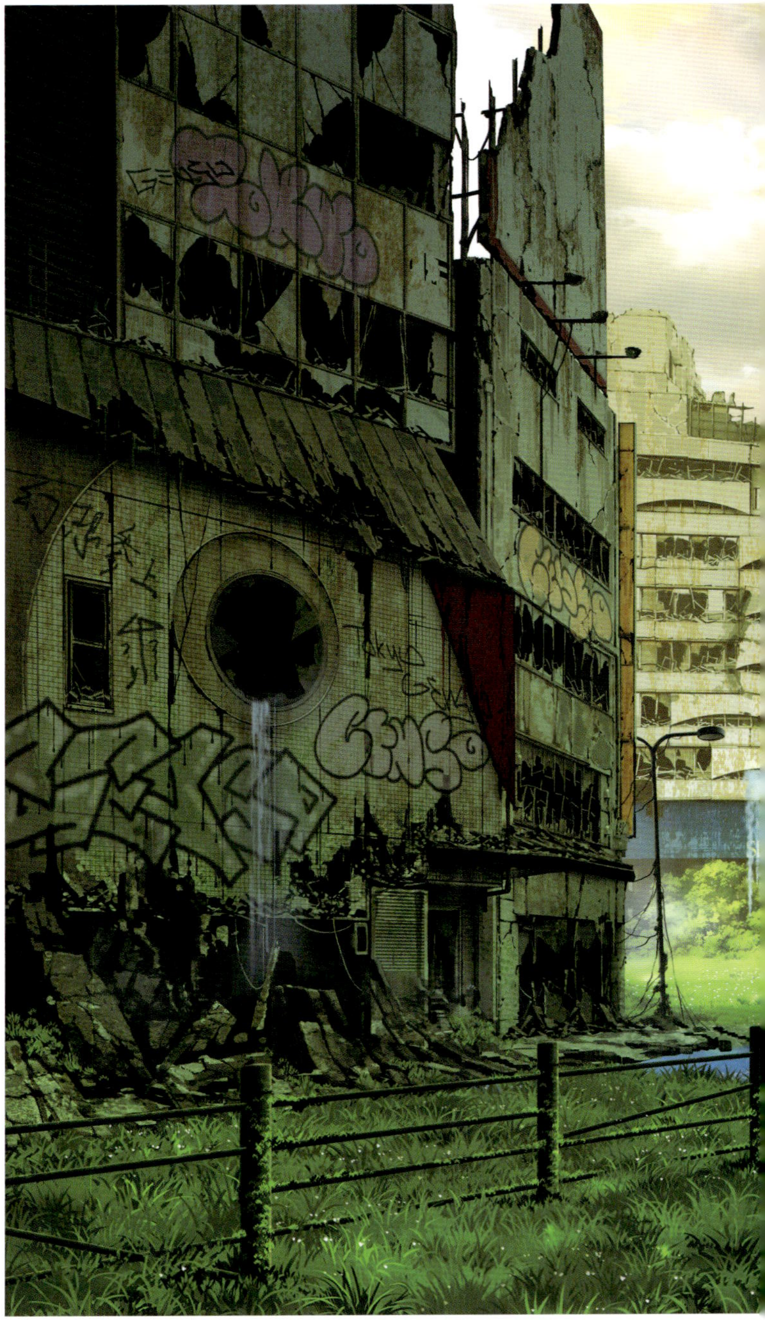

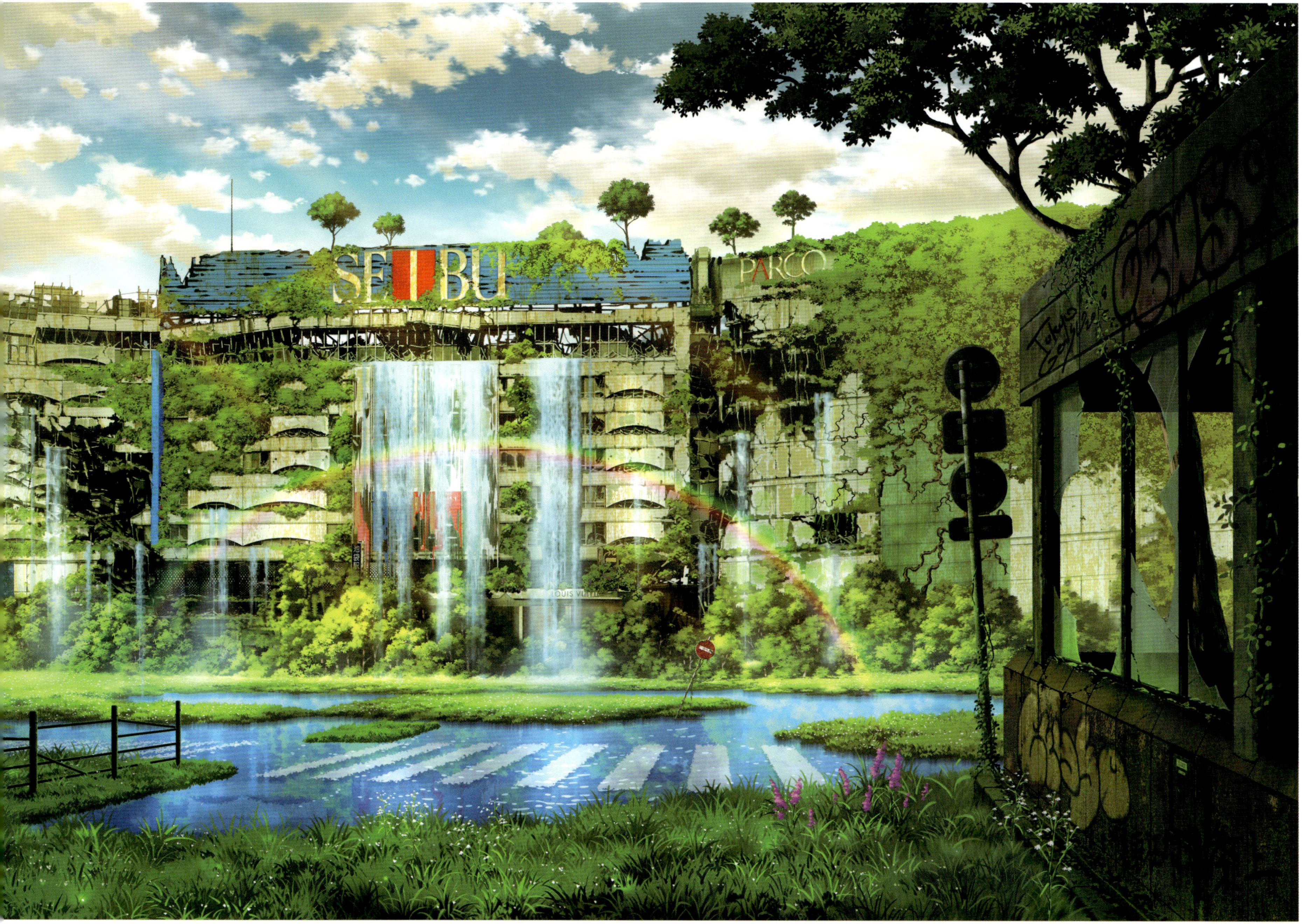
SEIBU
PARCO

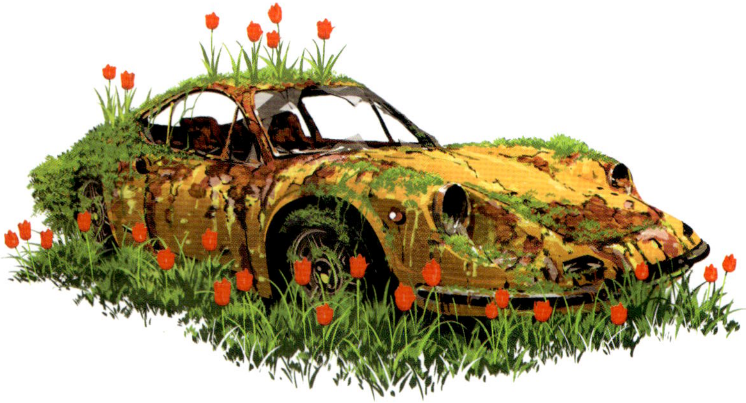

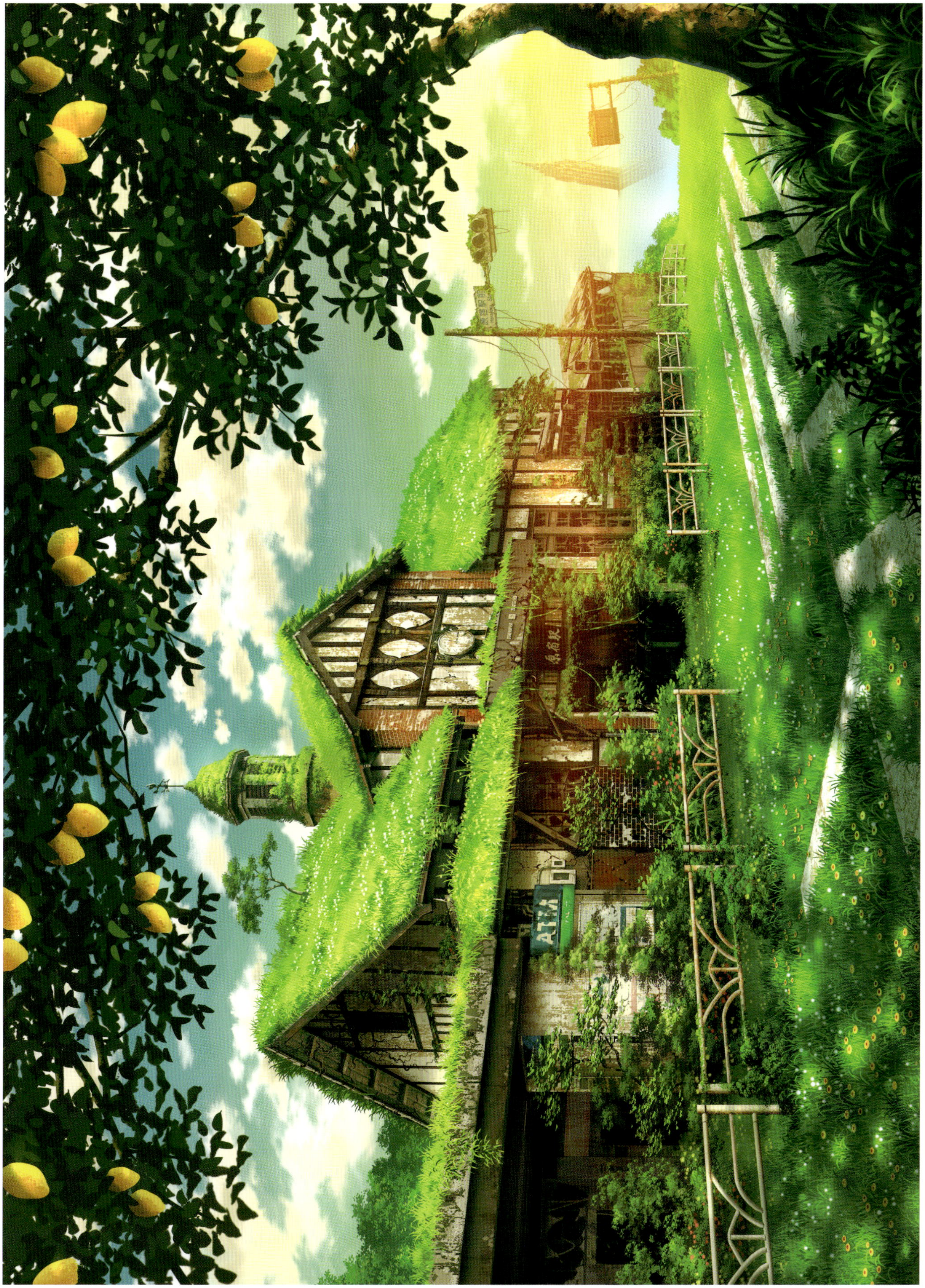
ATM

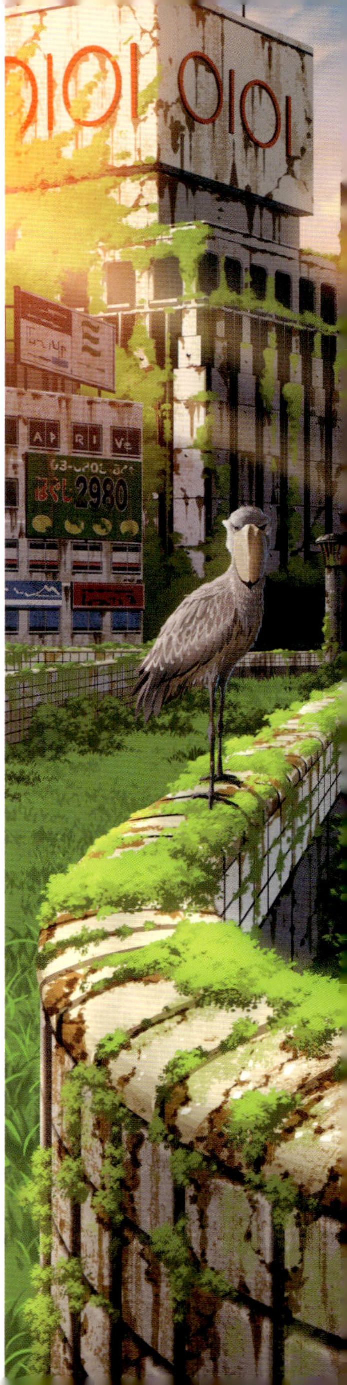
OIOI
OIOI
2980

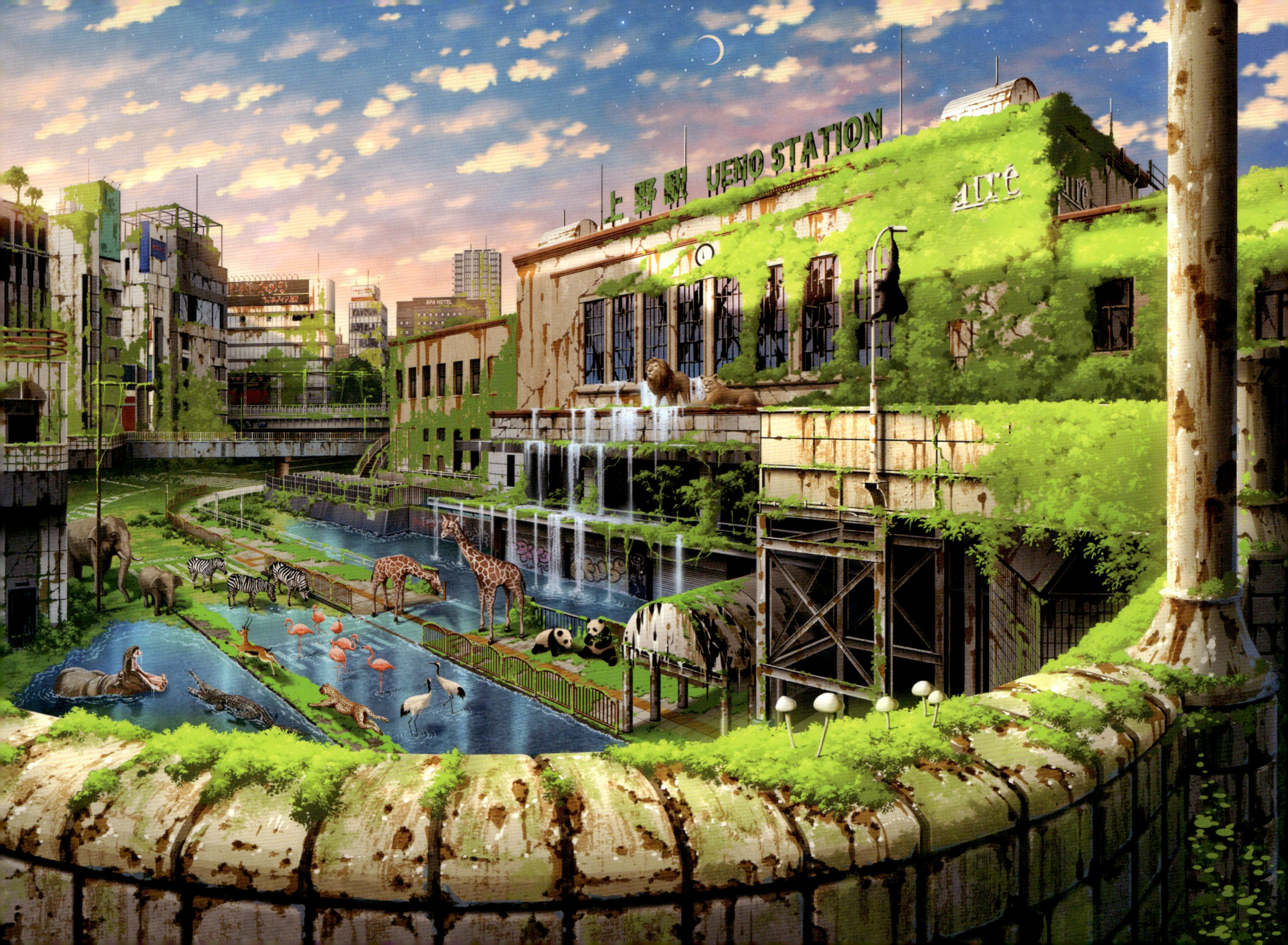
上野駅
UENO STATION
APA HOTEL

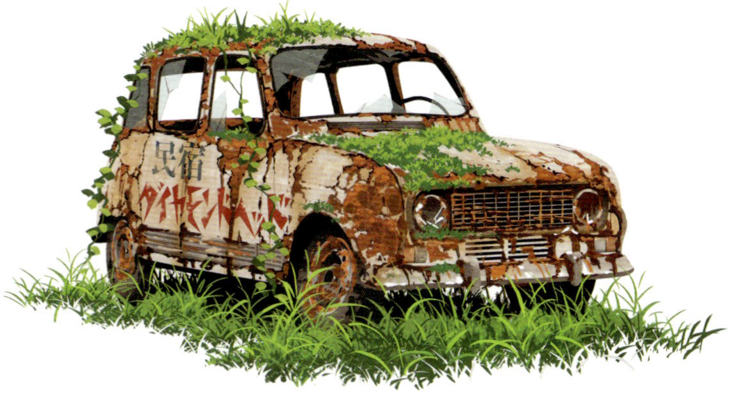
民宿
ダイヤモンドヘッド

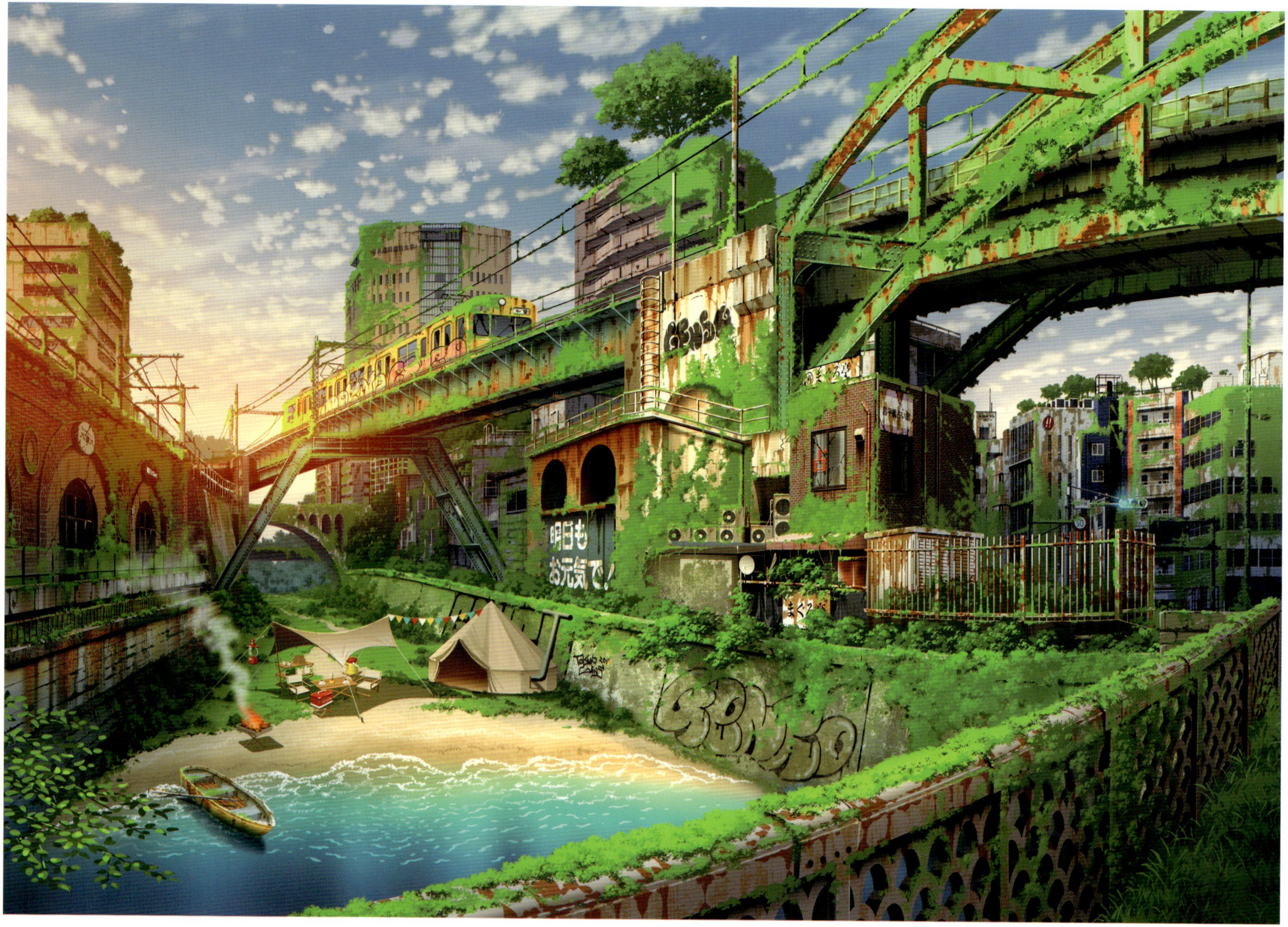
明日も
お元気で！

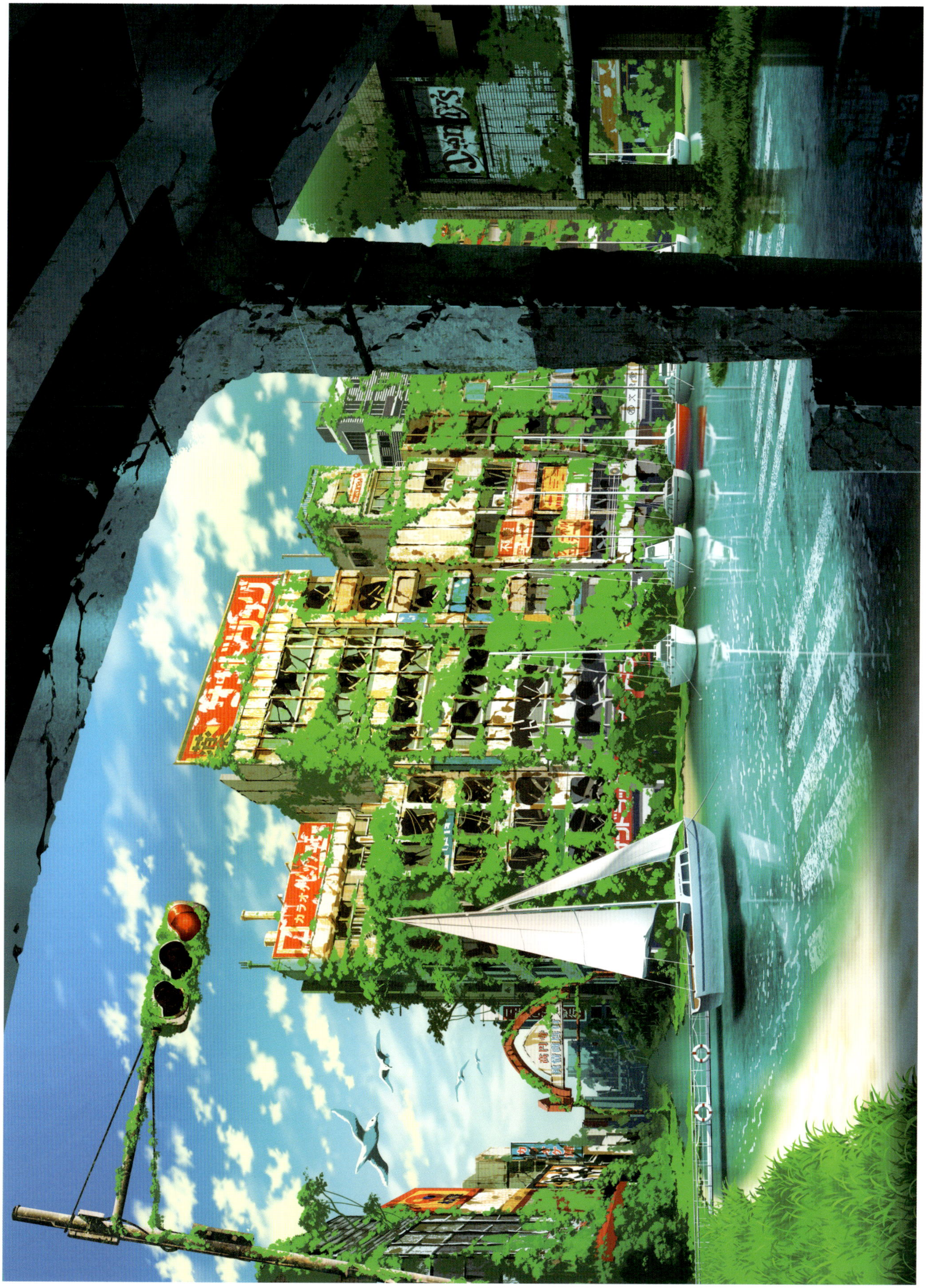

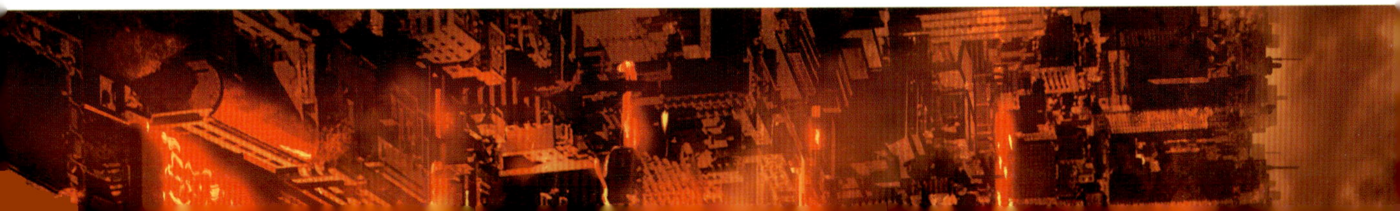

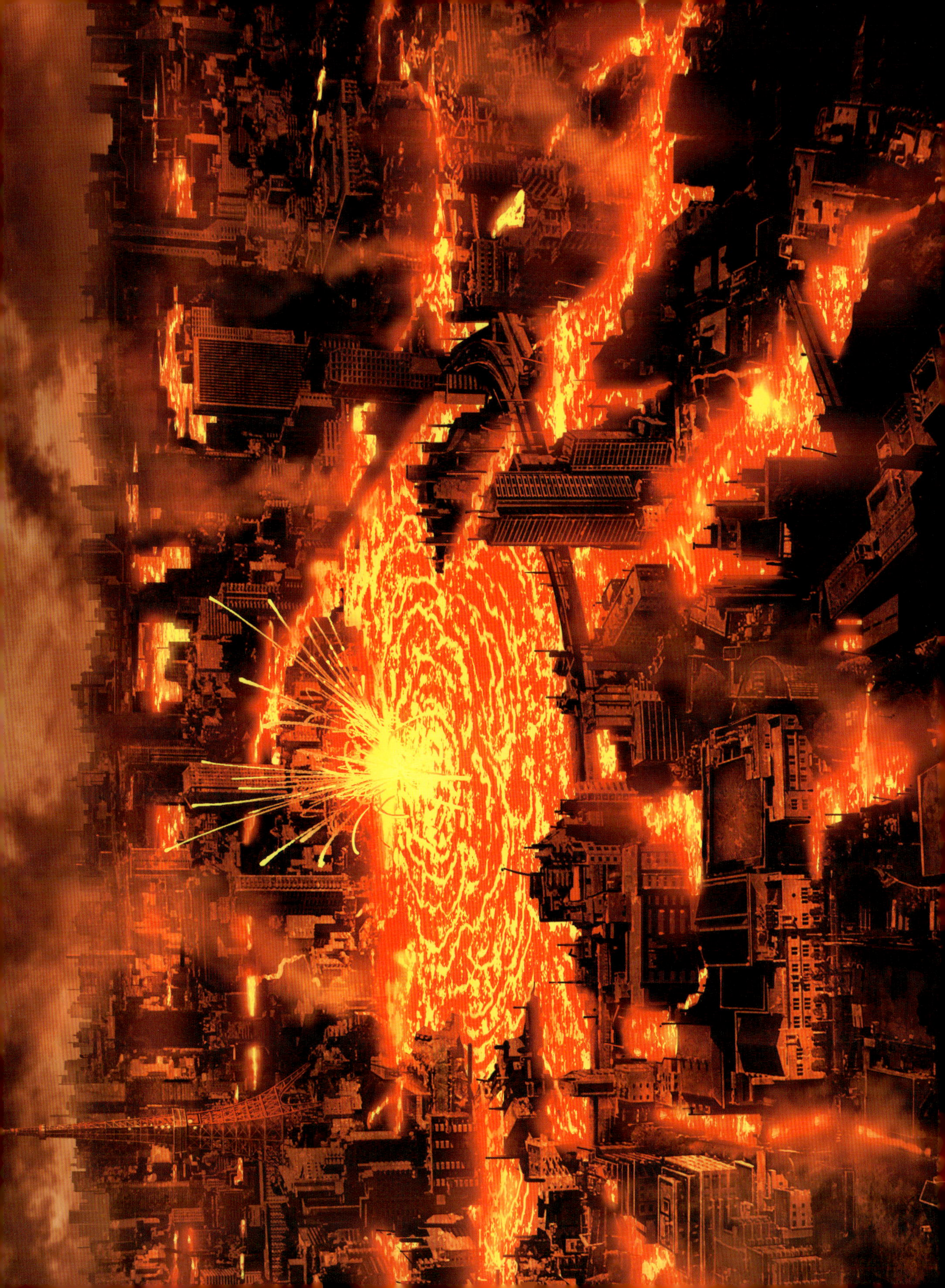

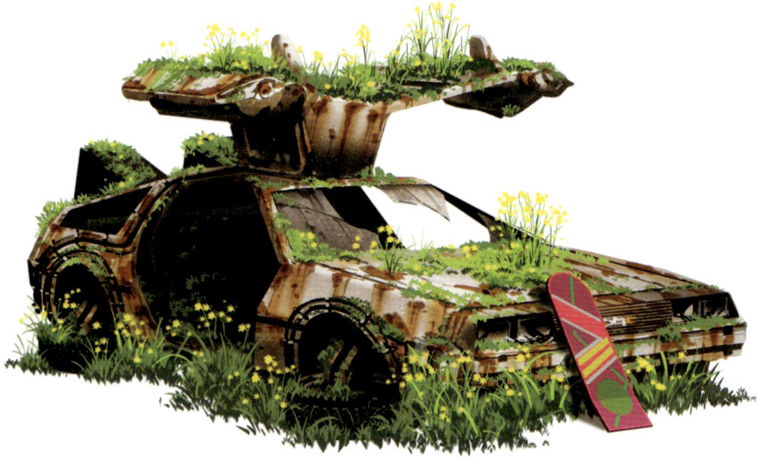

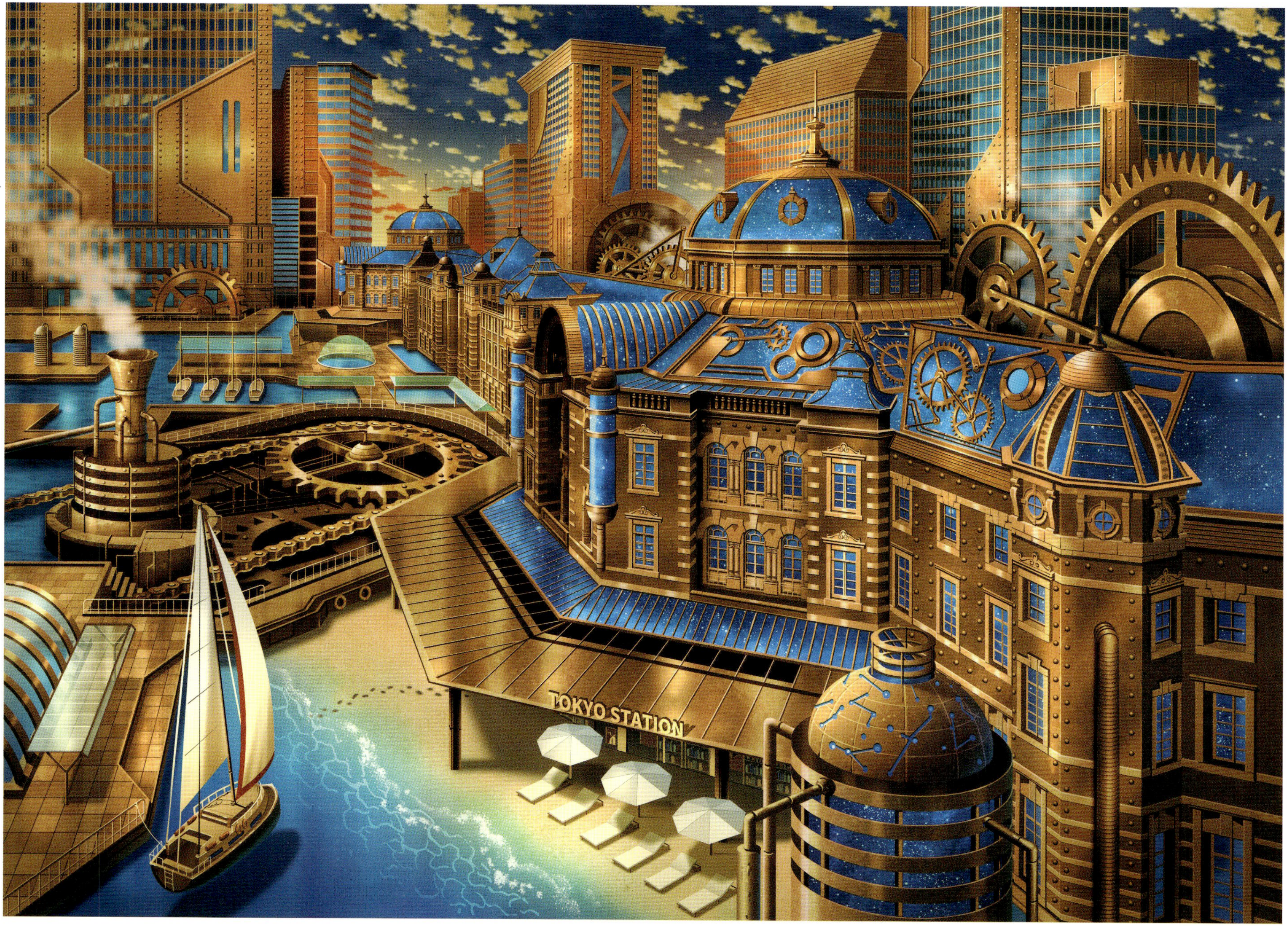
TOKYO STATION

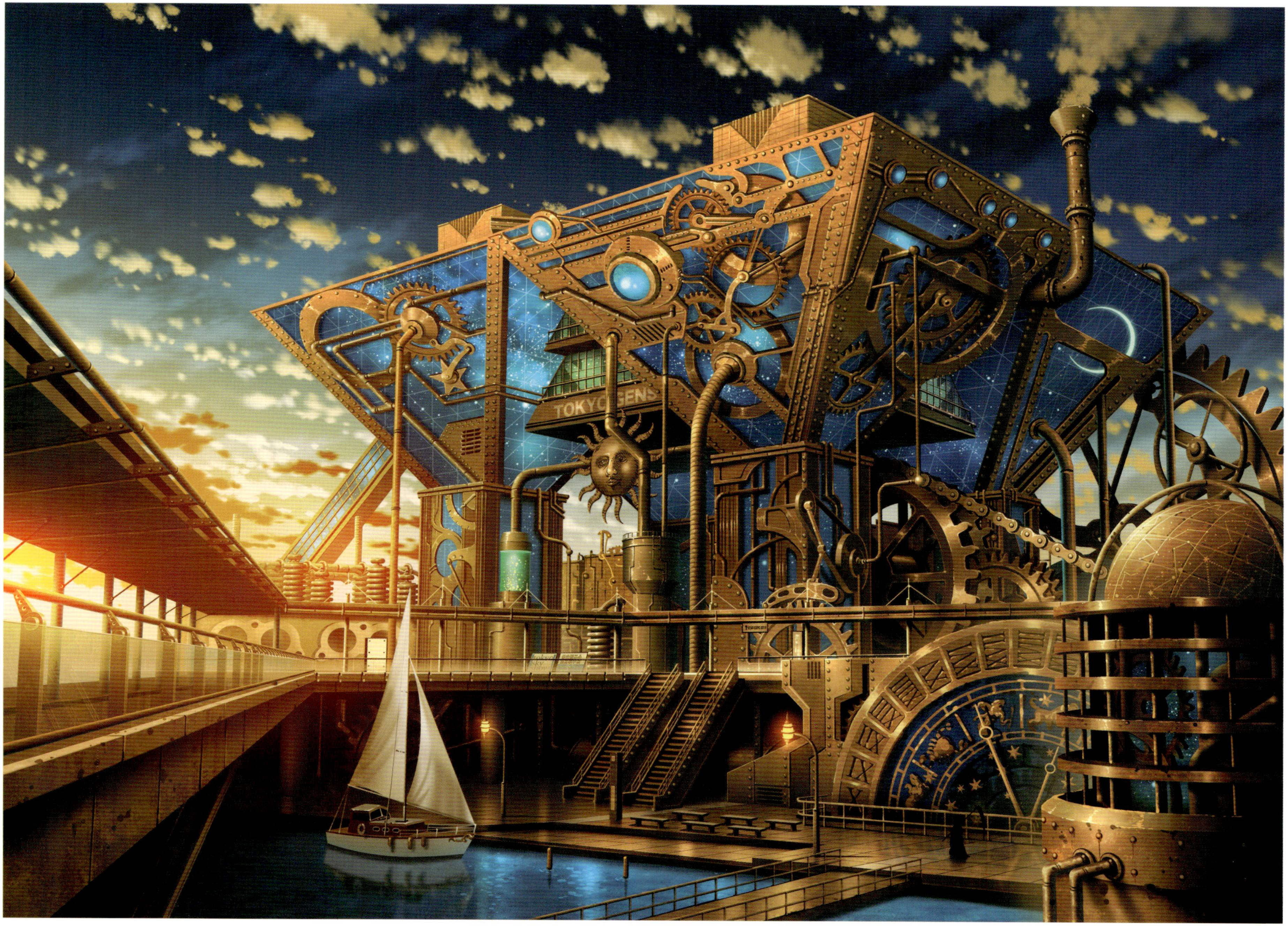
TOKYO GENS

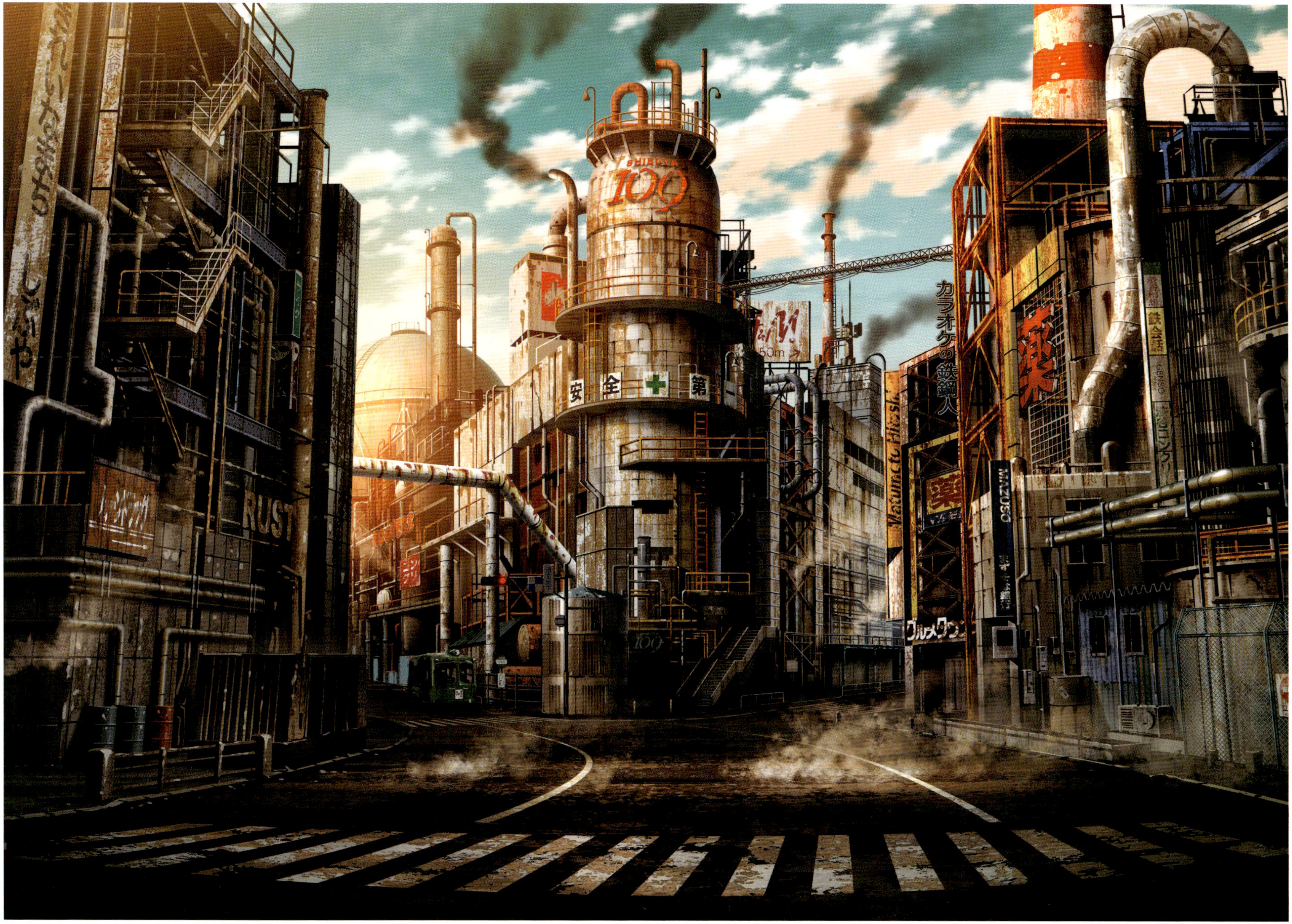
SHIBUYA
109
安全第一
カラオケの鉄鋼人
薬
RUST
MAZUSO
GENSO

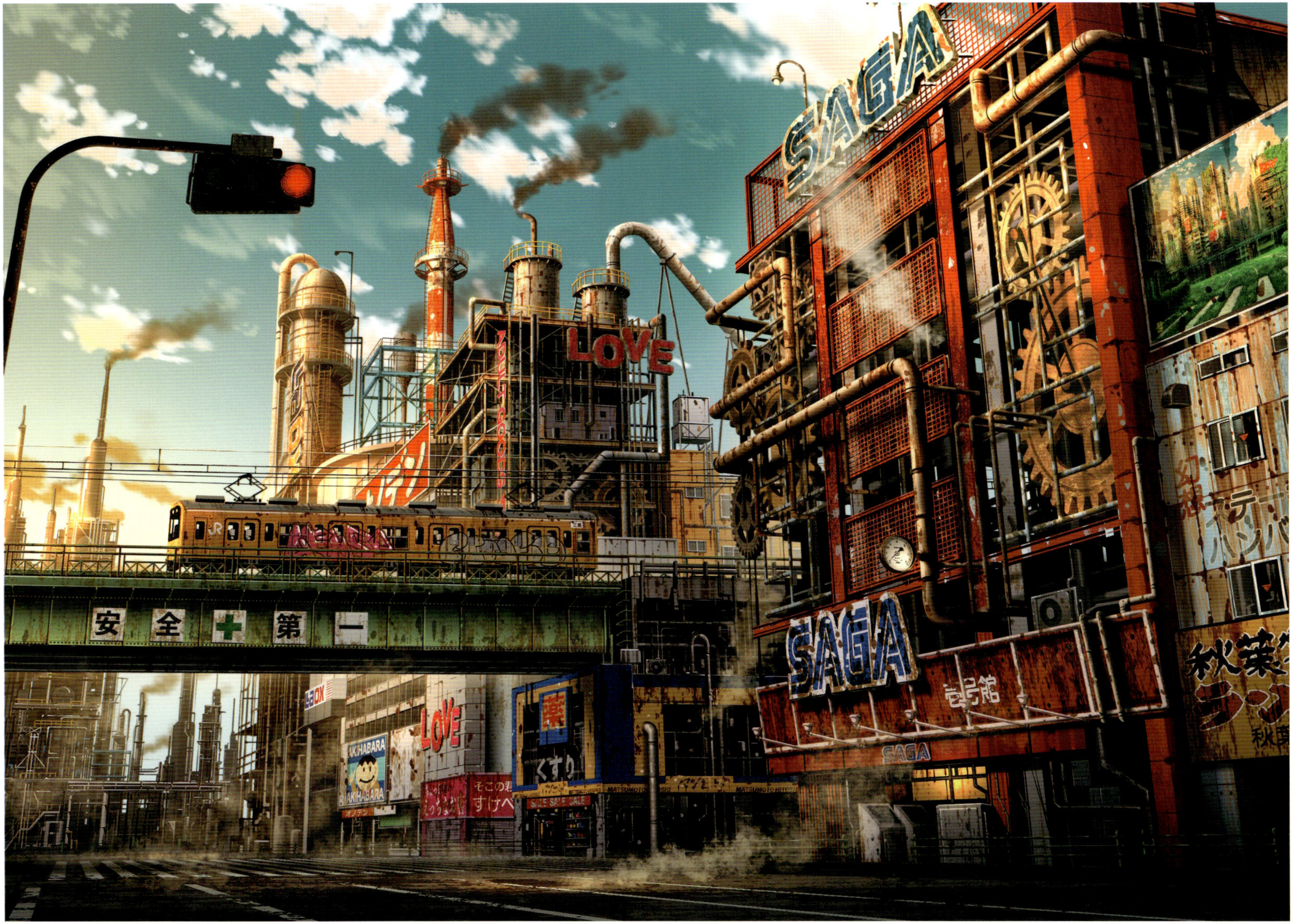

SAGA
LOVE
ADULT GOODS
安全第一
SAGA
LOVE
薬
くすり
AKIHABARA
SAGA

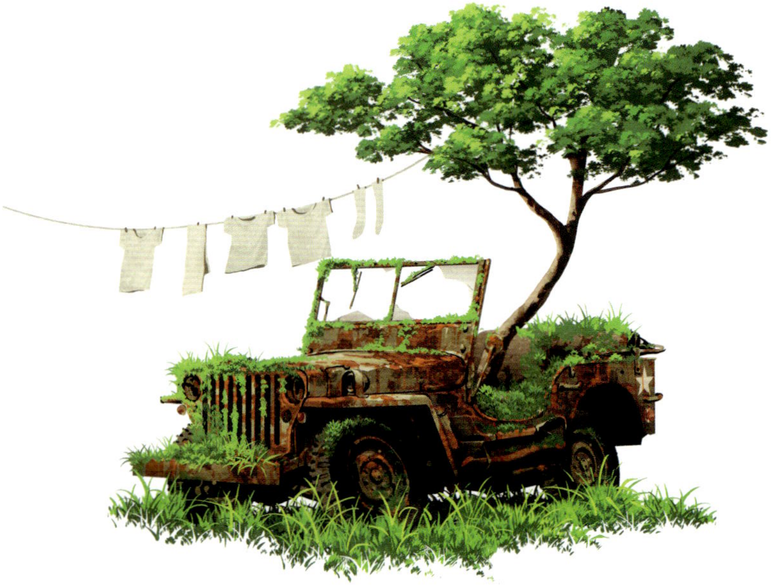

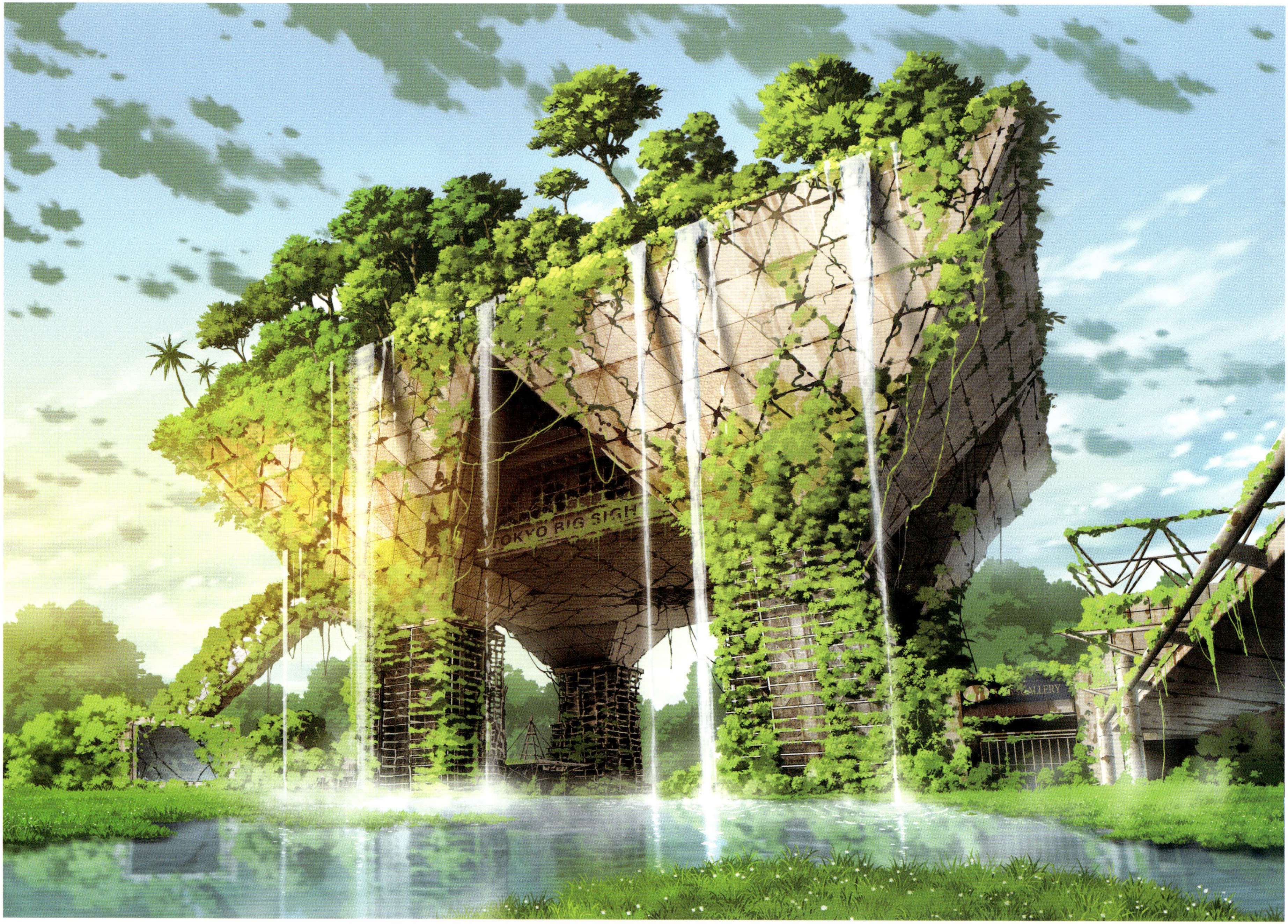

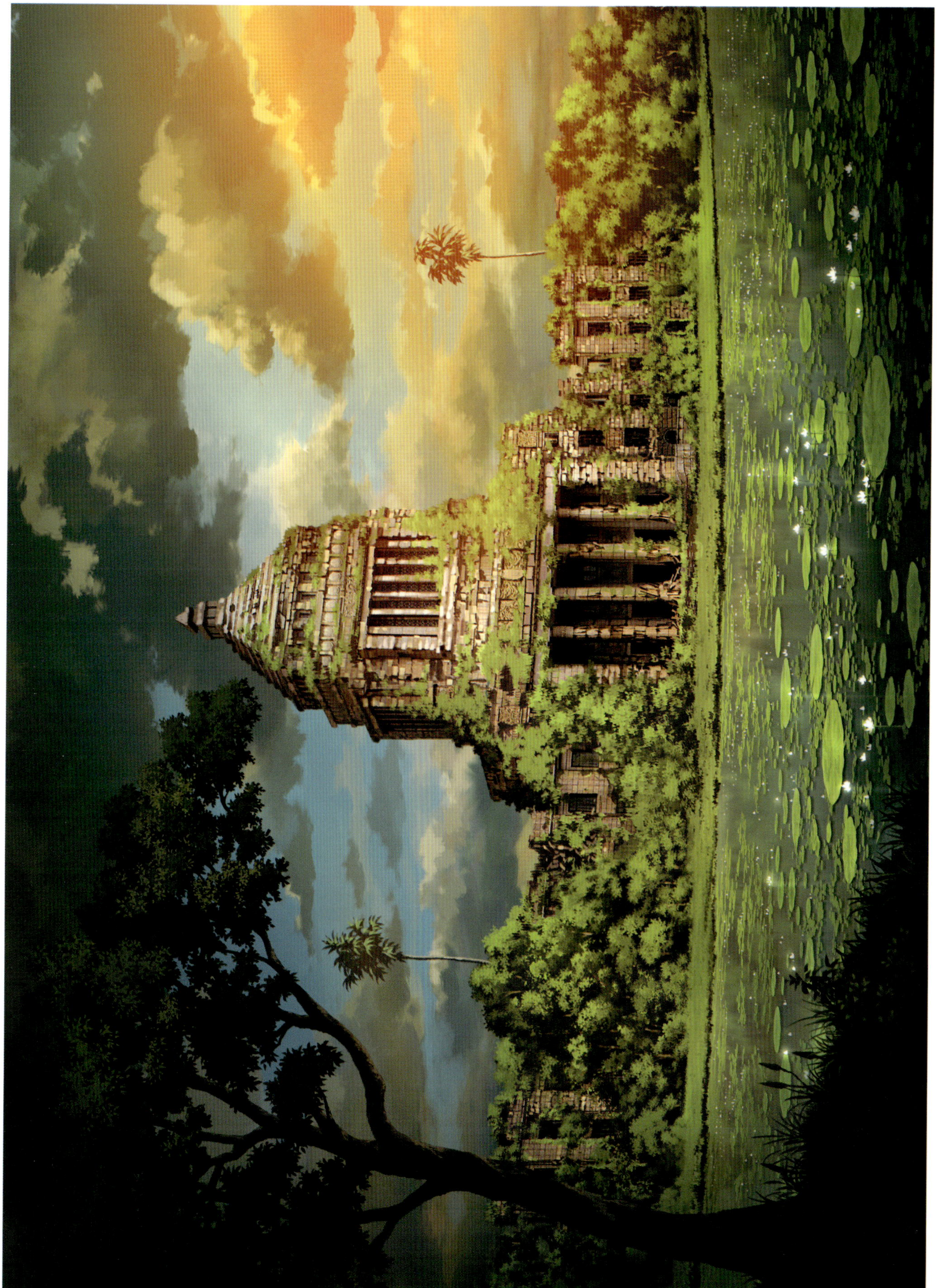

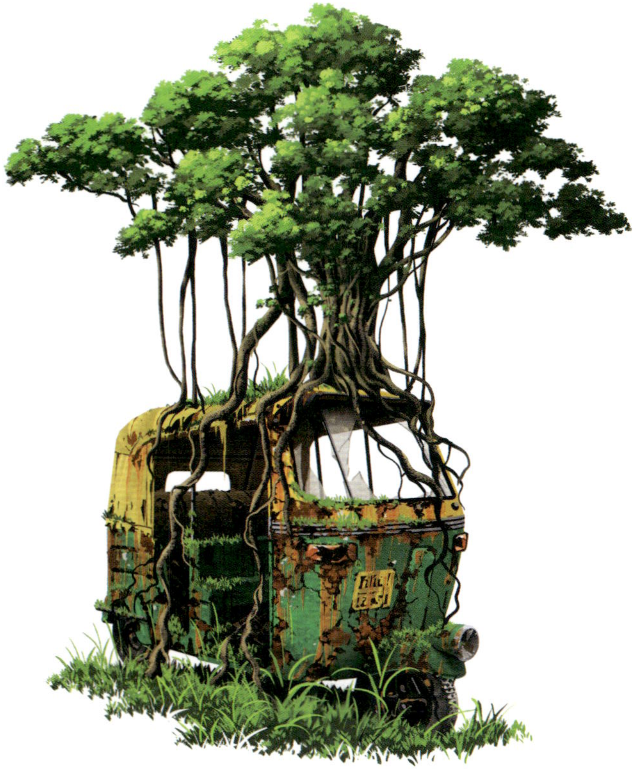

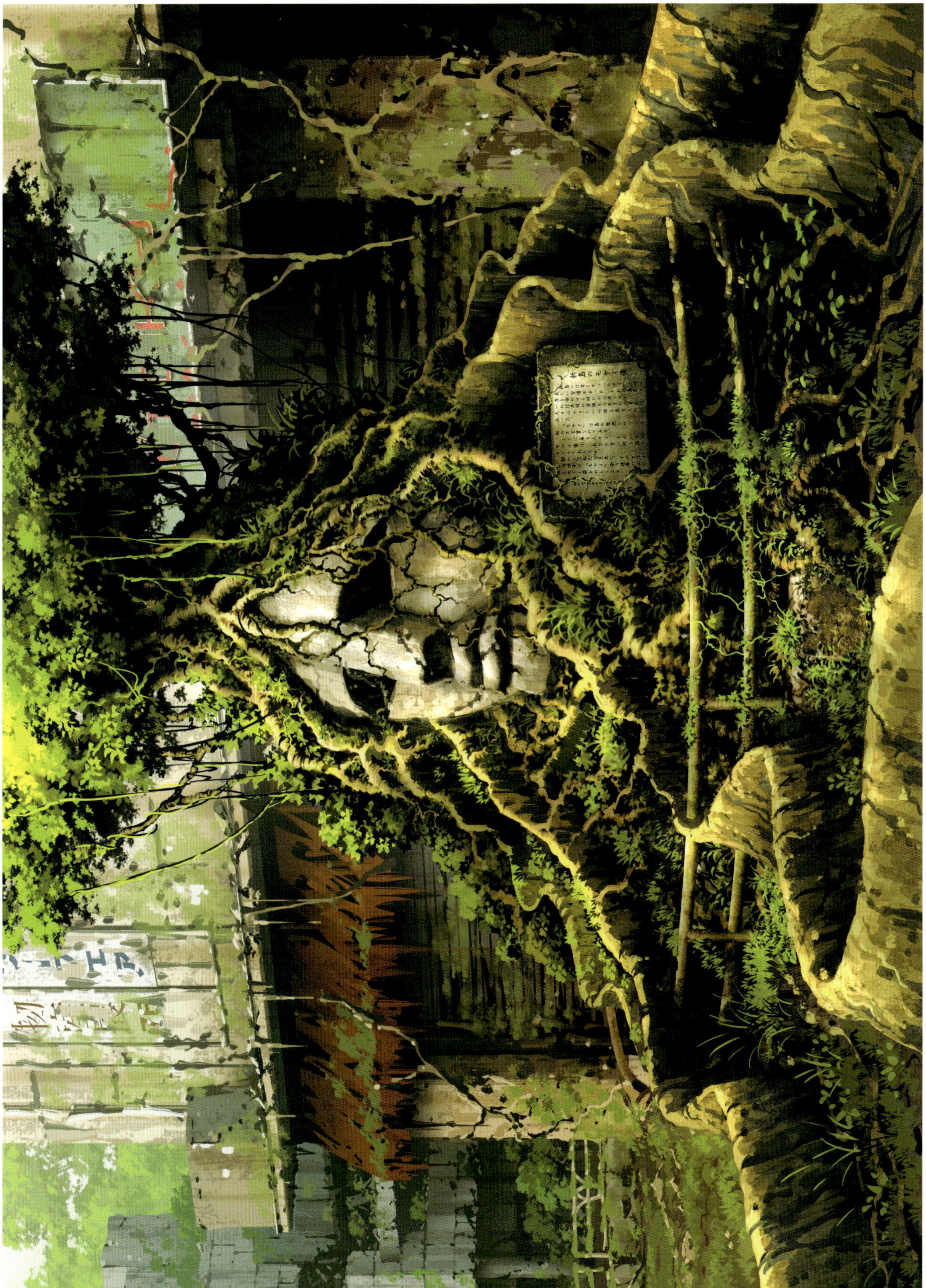

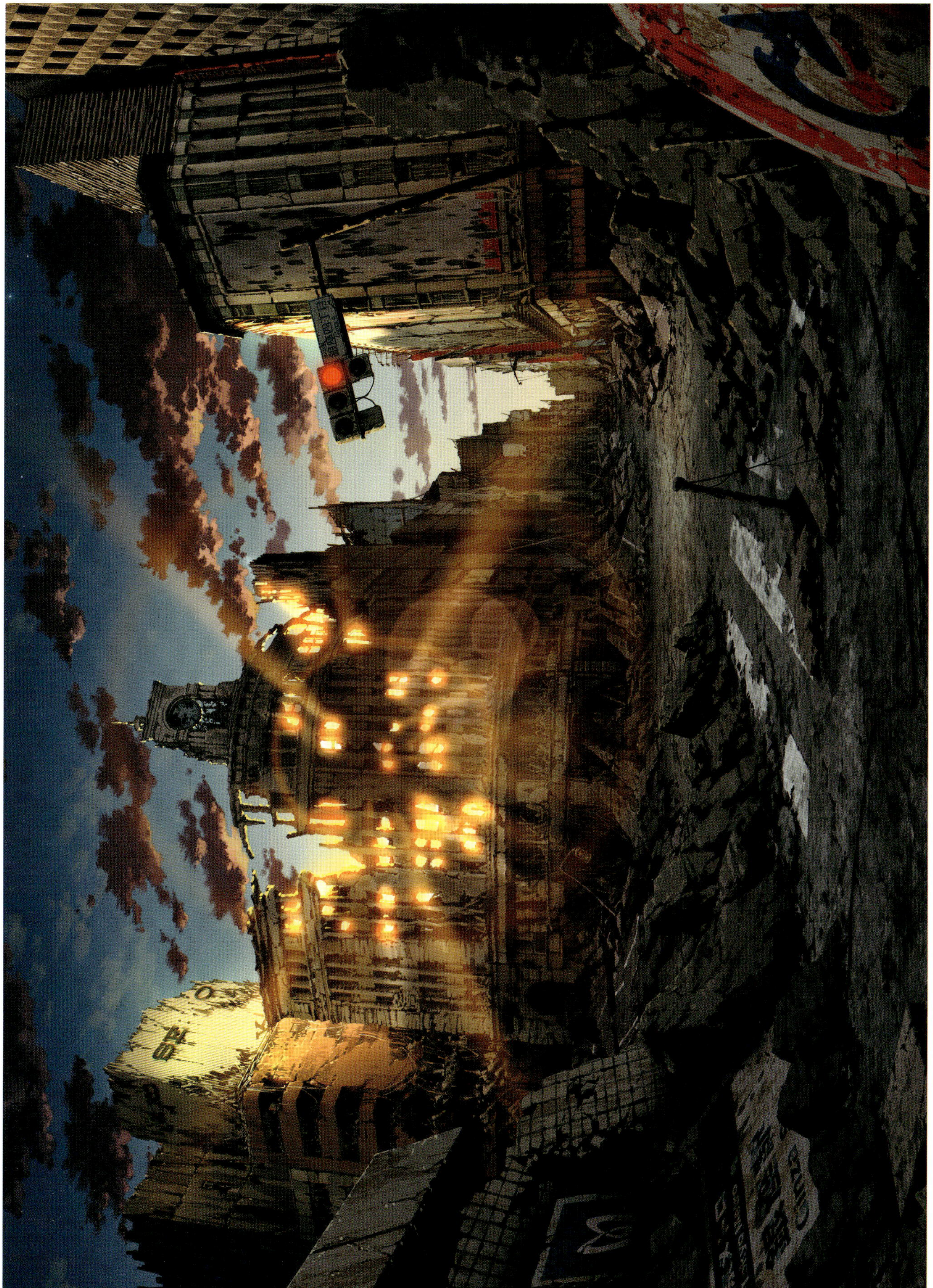

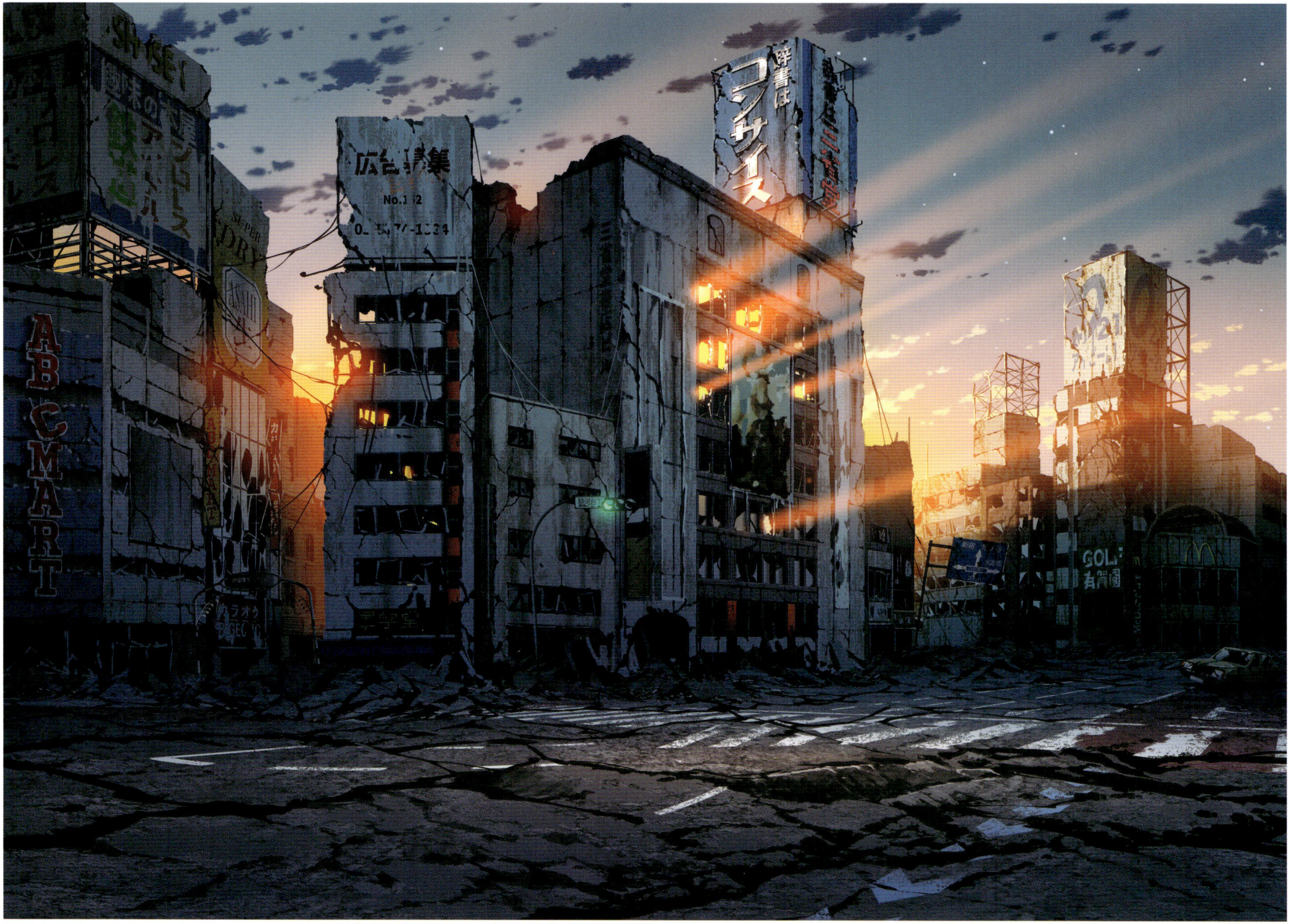
ABC MART
SUPER DRY

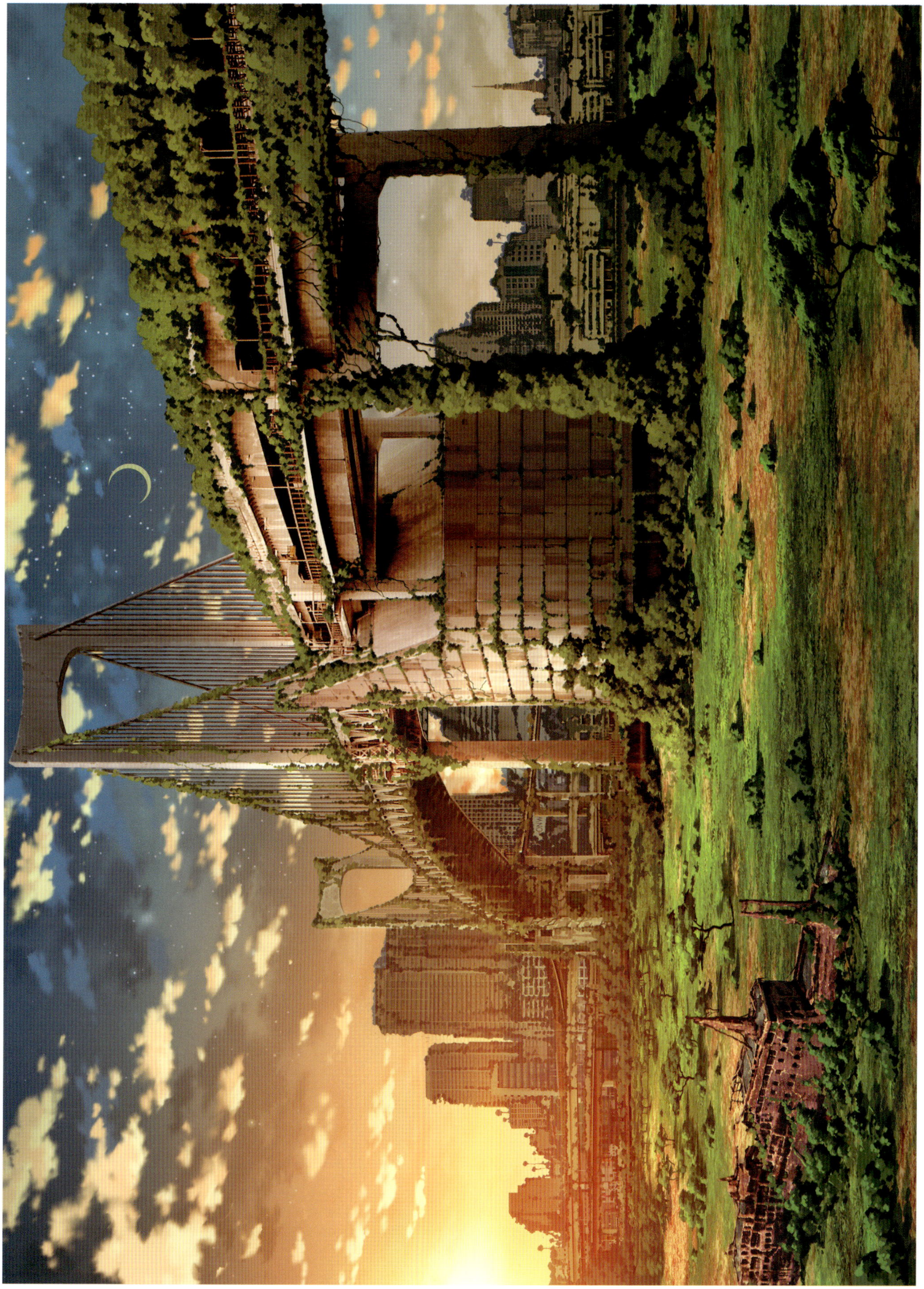

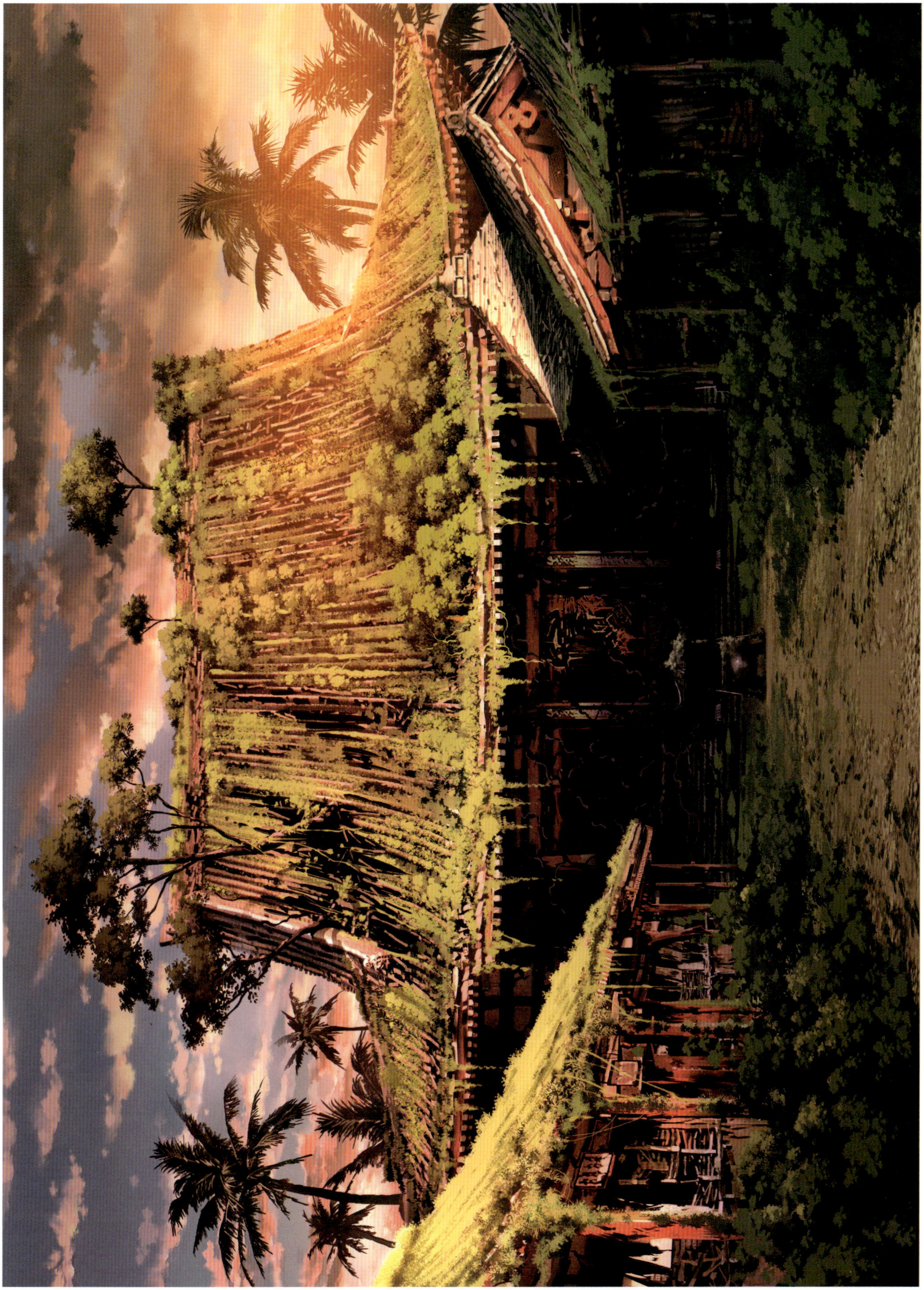

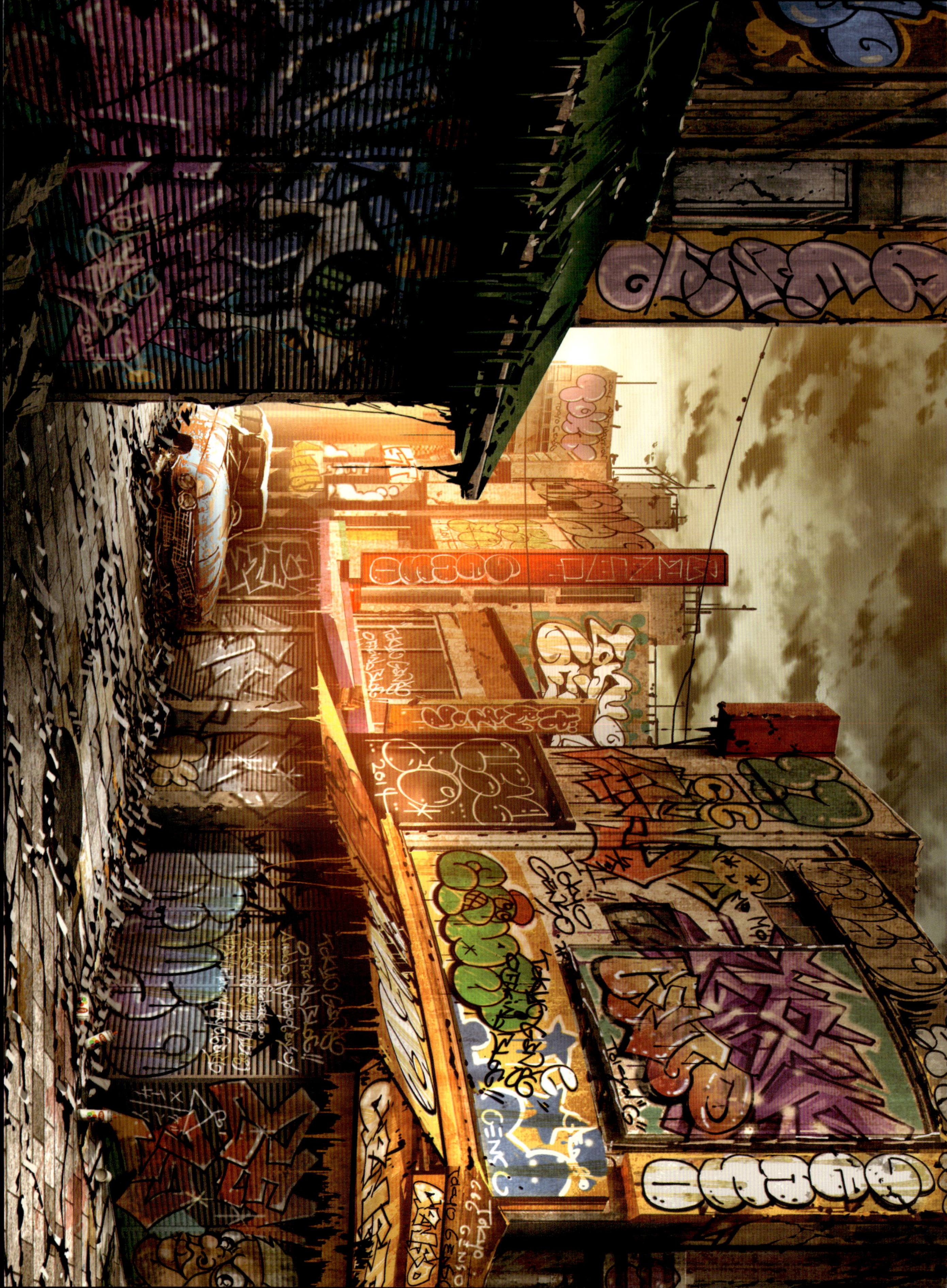

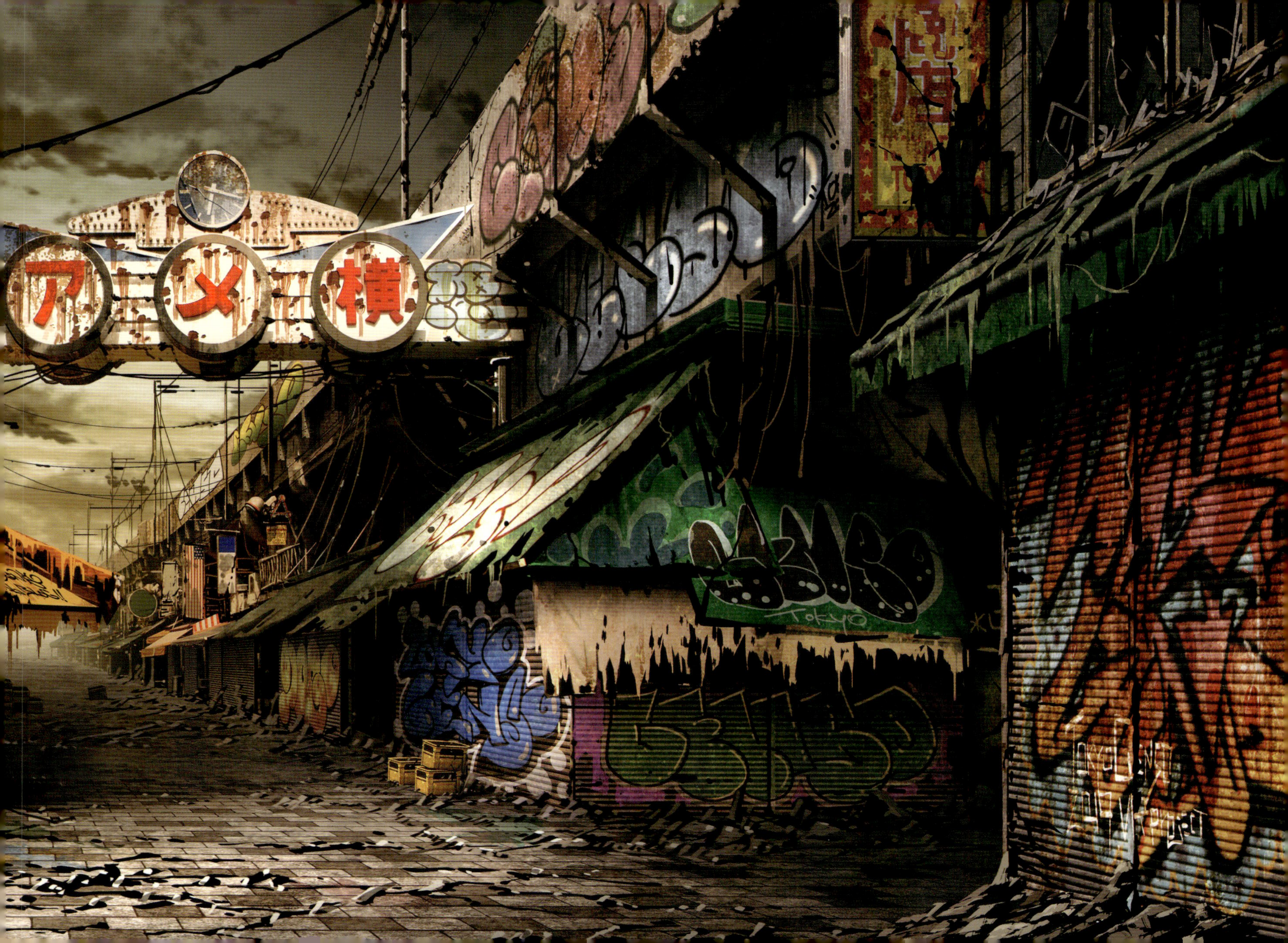
アメ横
Tokyo

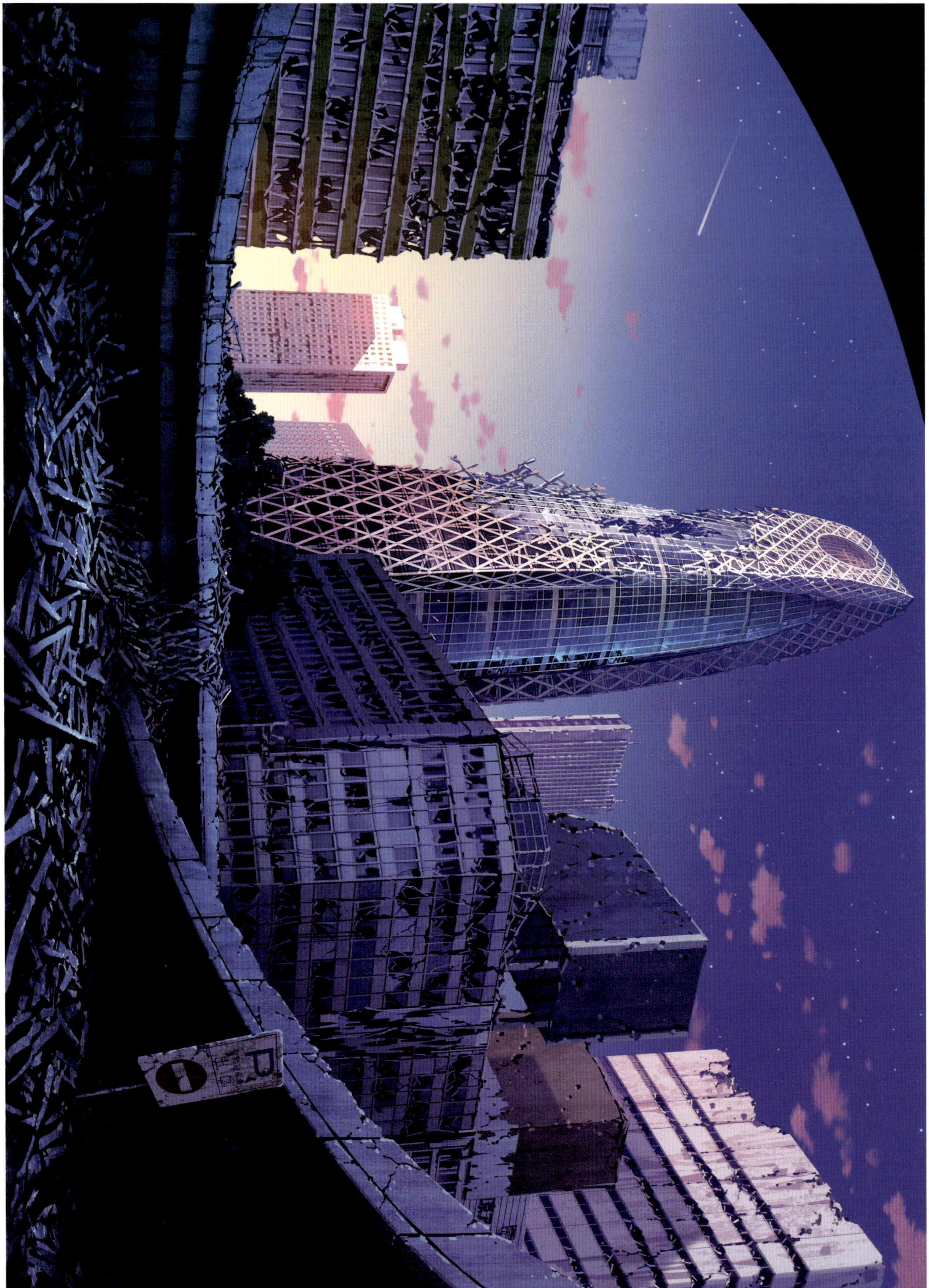

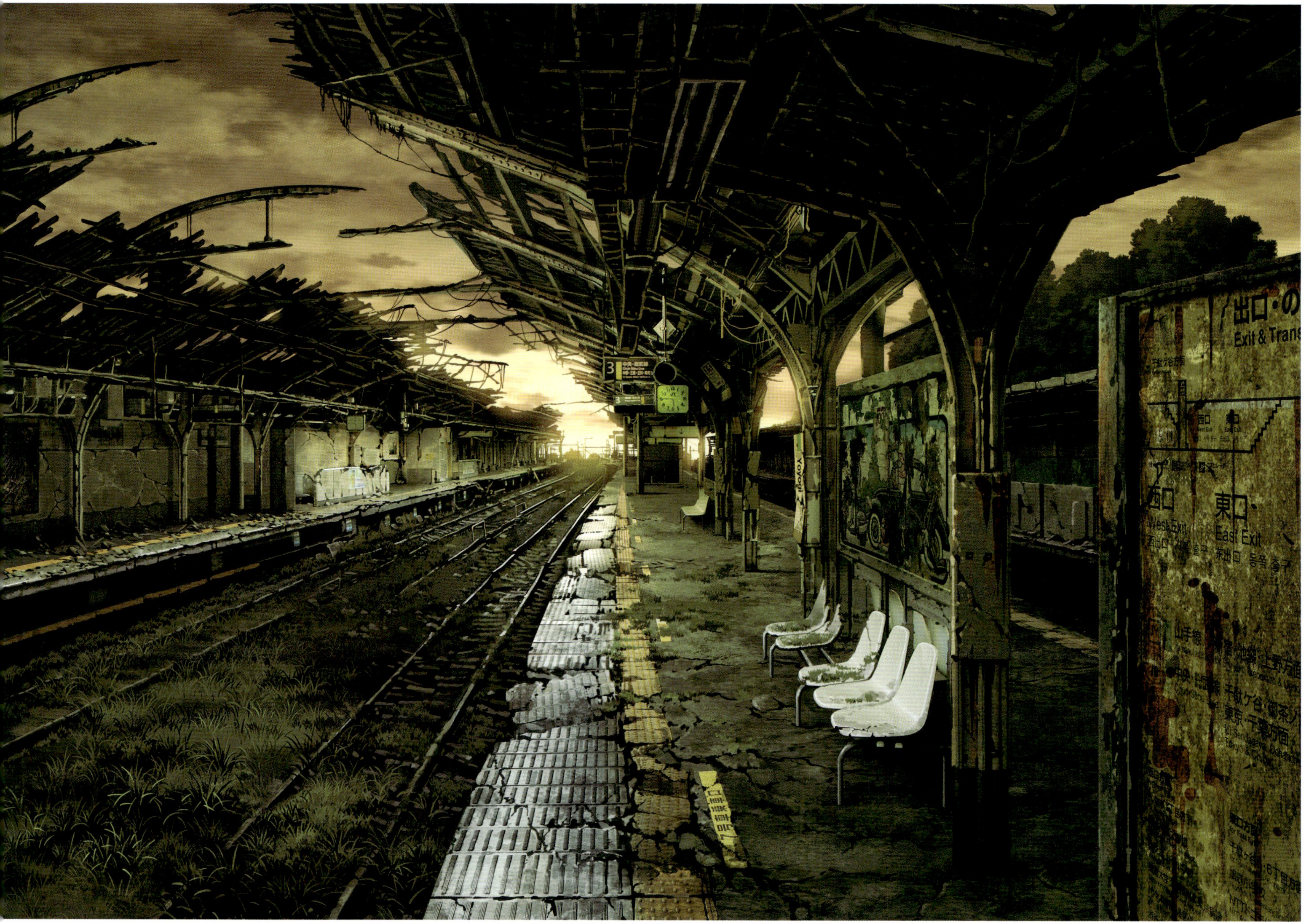
出口
西口
West Exit
東口
East Exit
Yoyogi

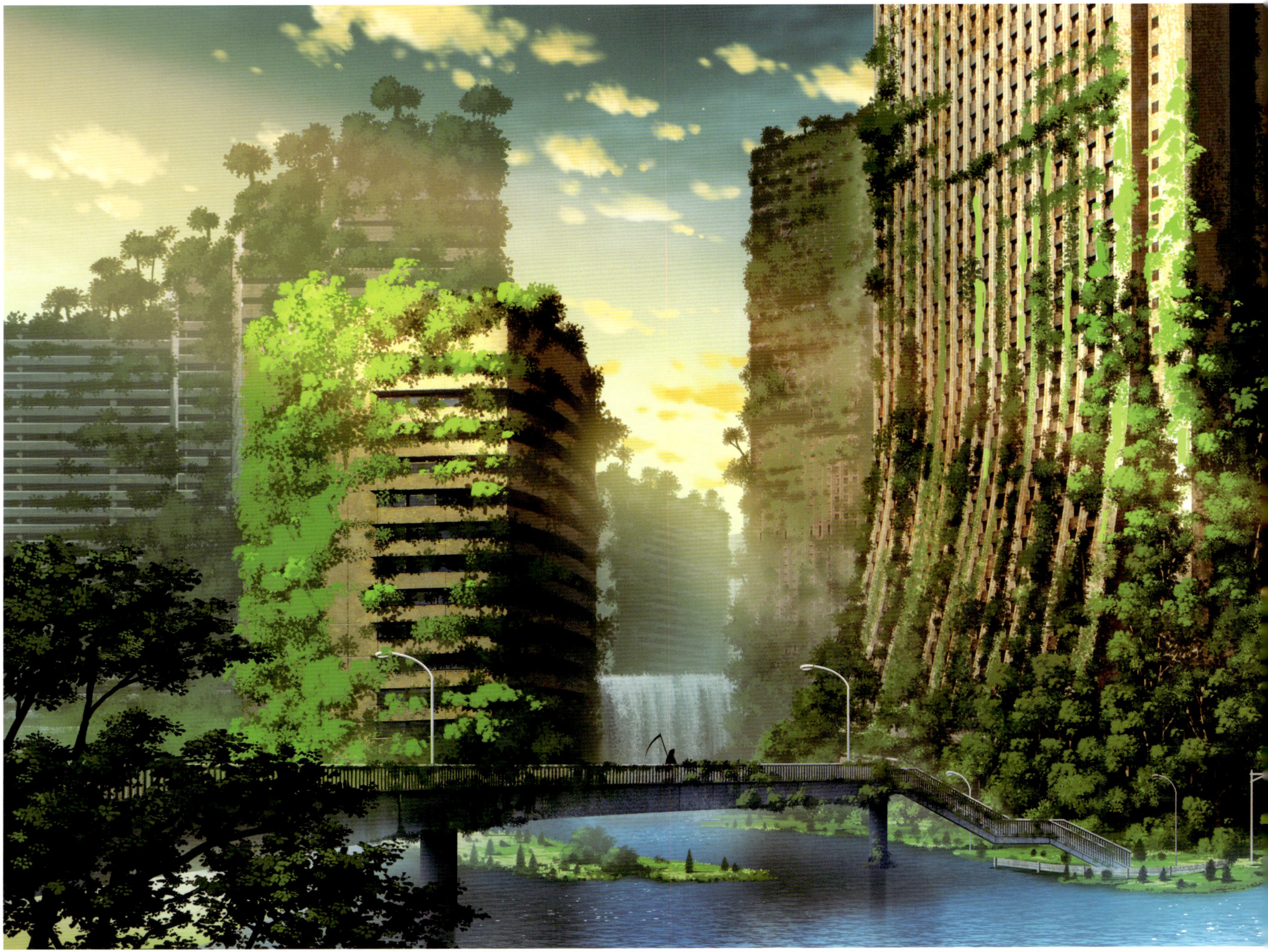

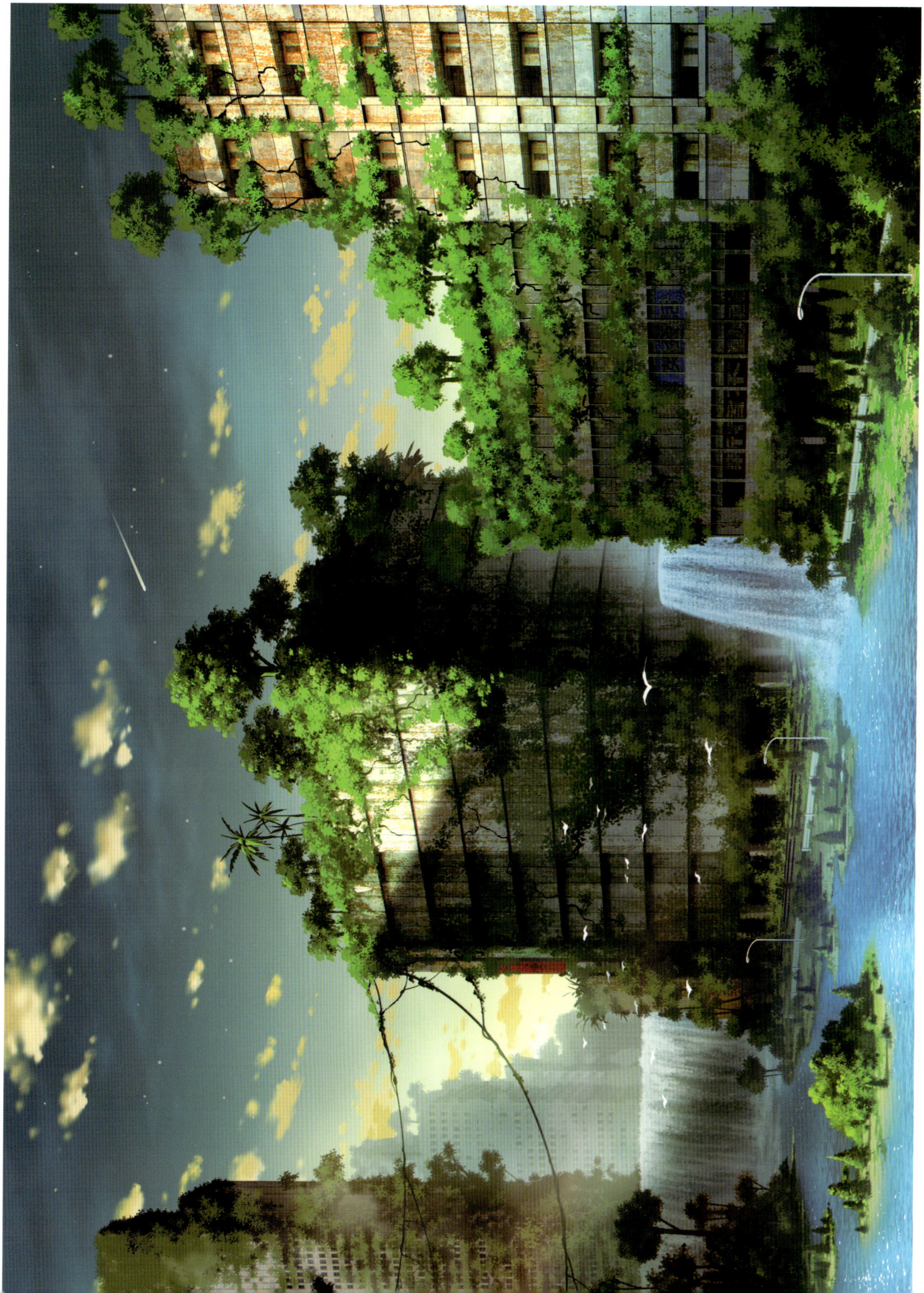

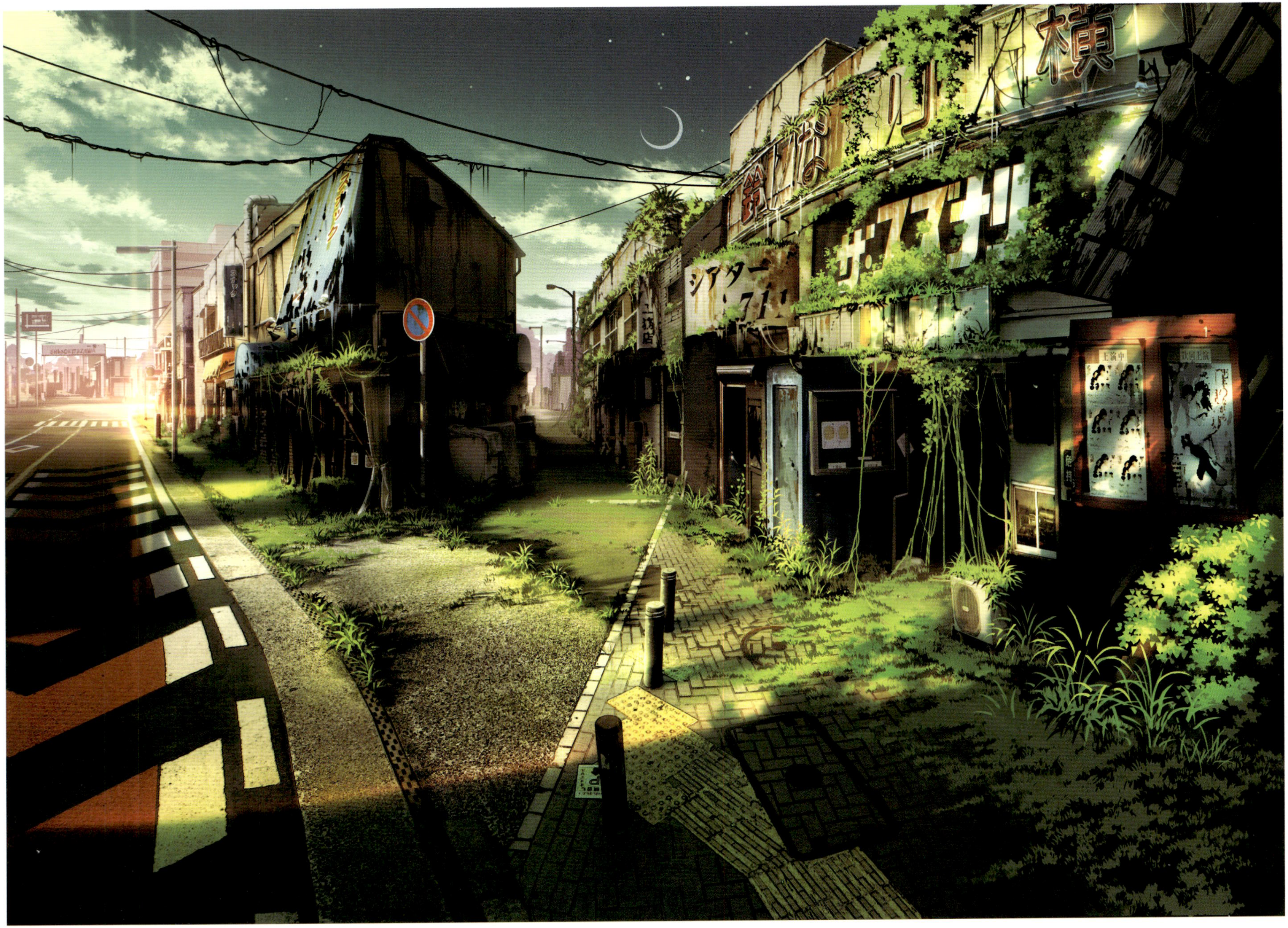
シアター

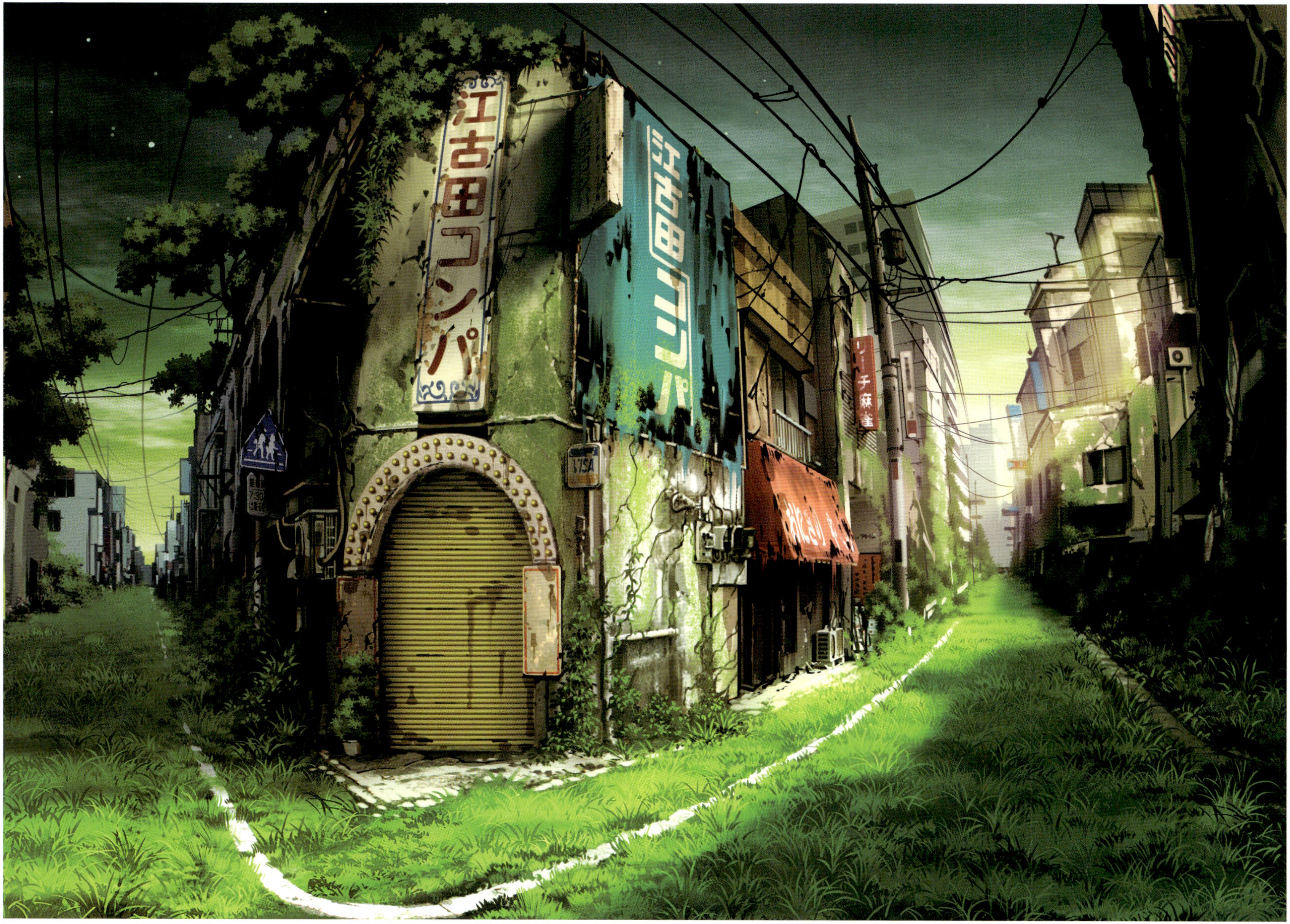
江古田コンパ
江古田コンパ
VISA

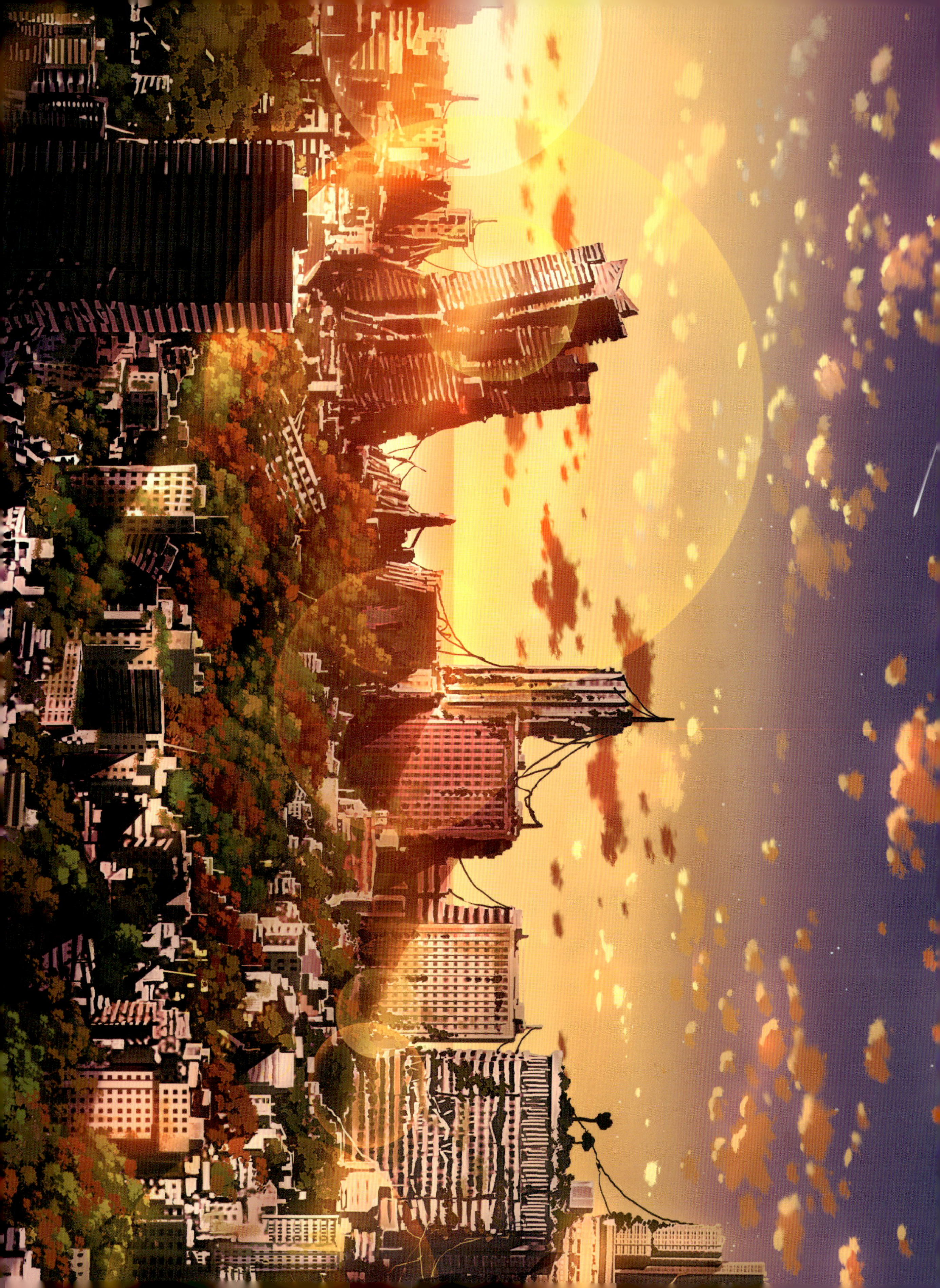

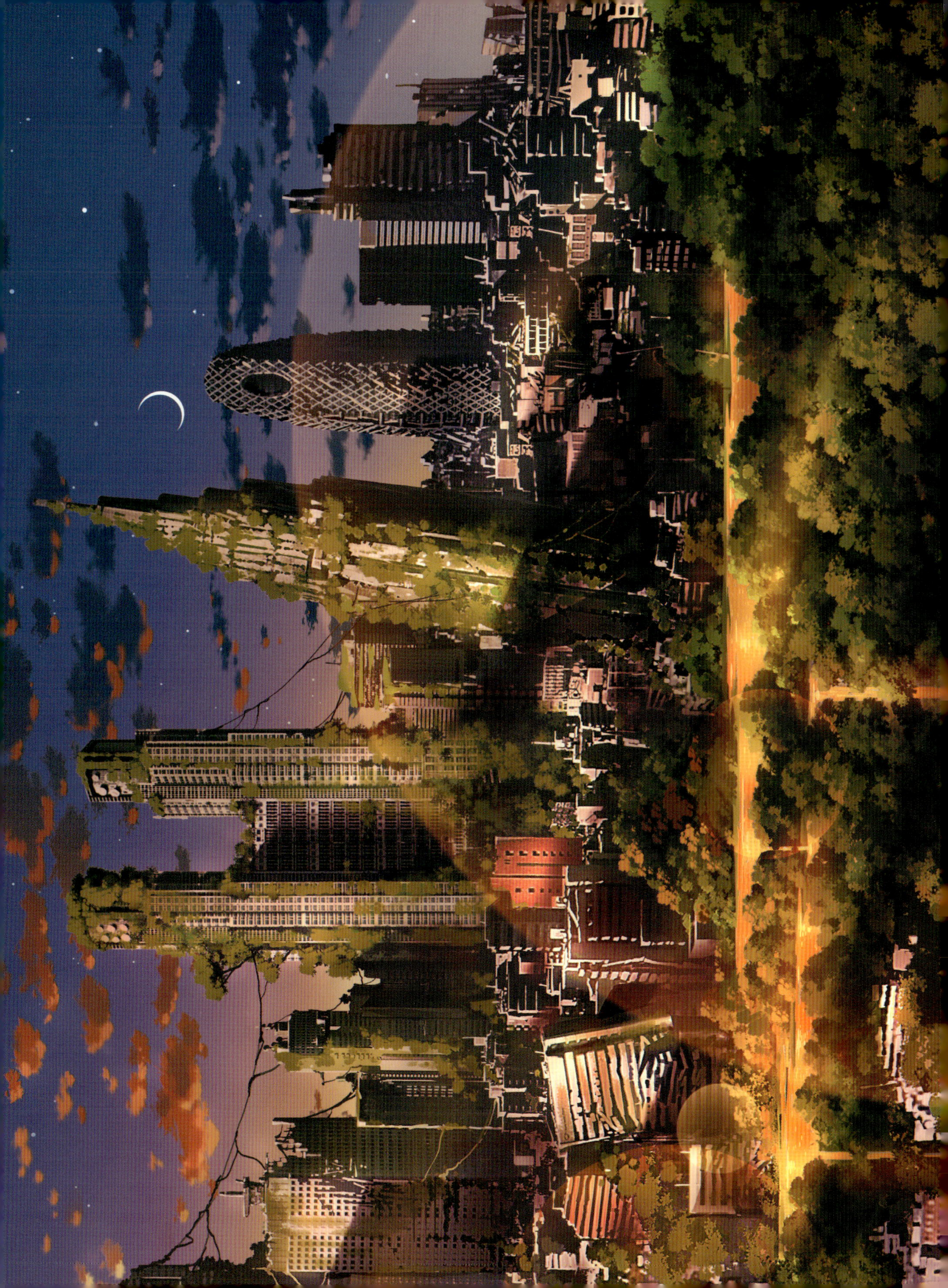

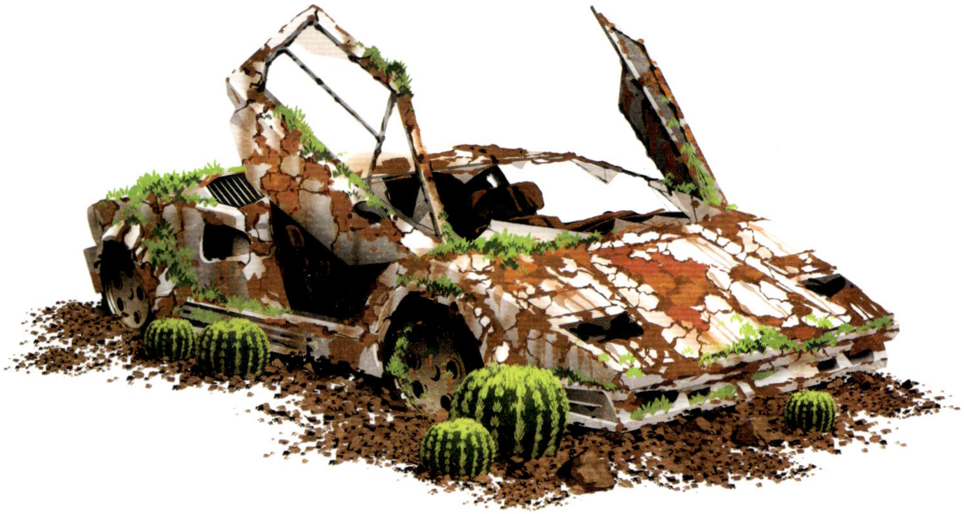

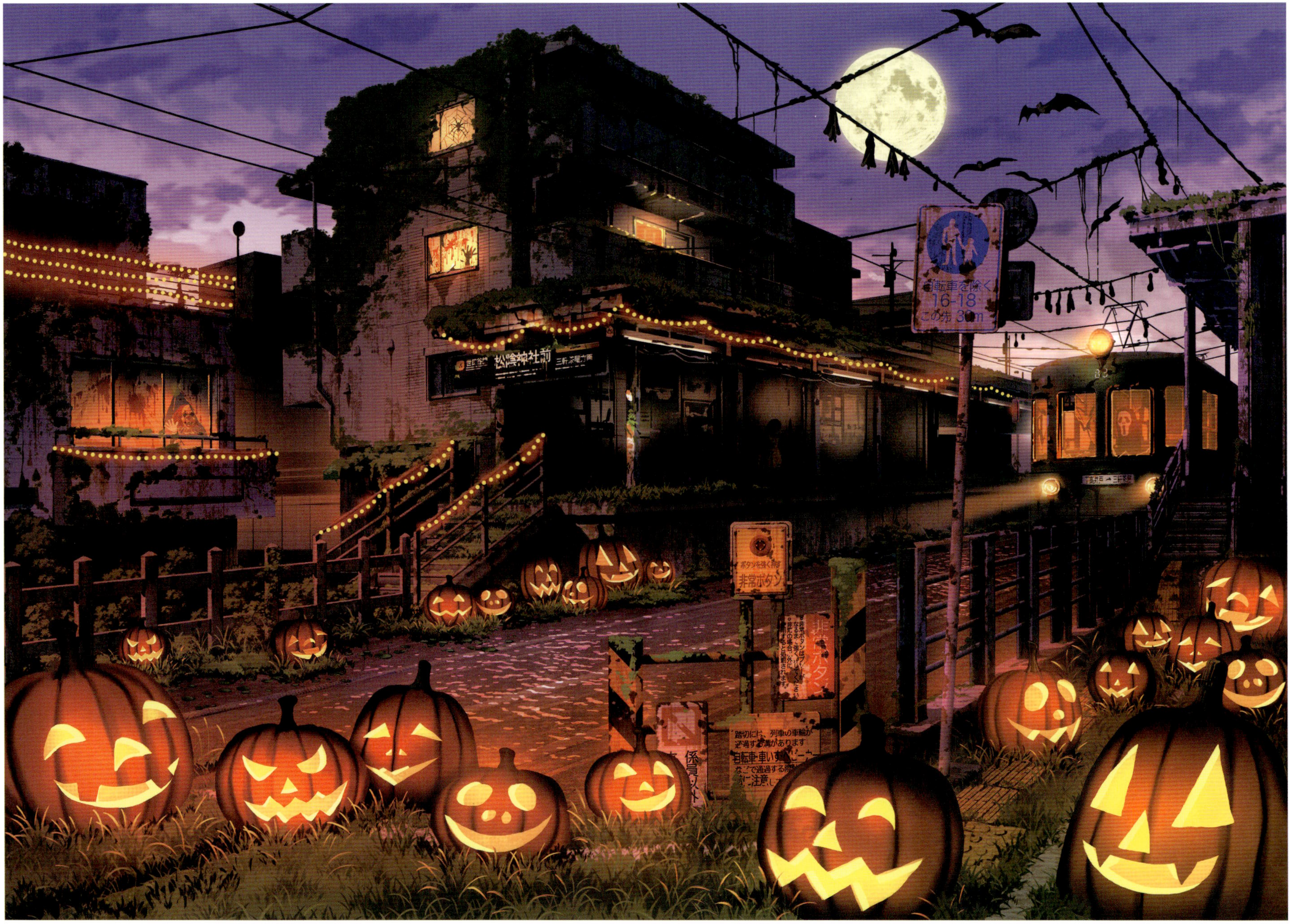
松陰神社前
三軒茶屋方面
自転車を除く
16-18
ボタンを強く押す
非常ボタン
踏切には、列車の車輪が
自転車・車いす

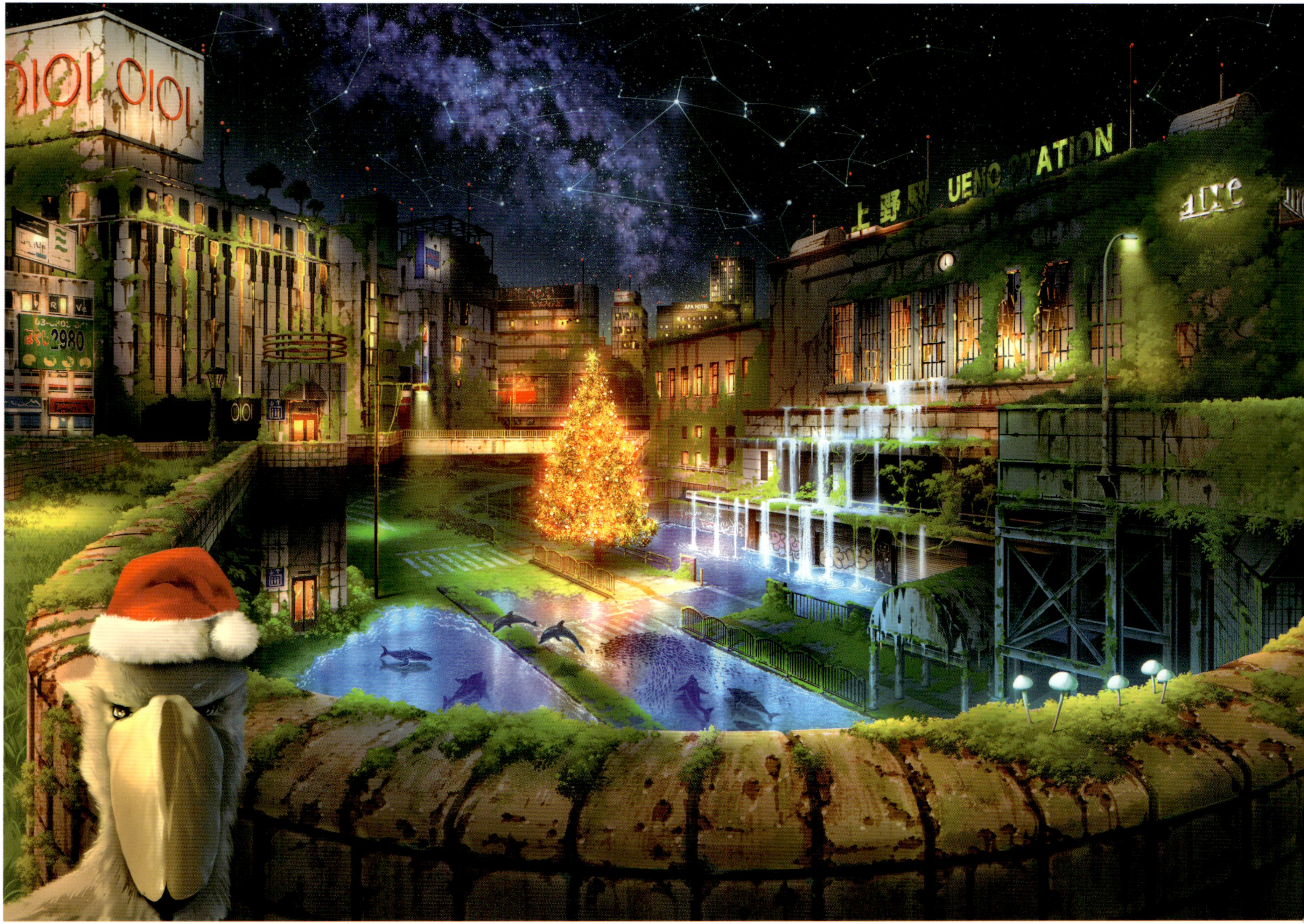
0101 0101
2980
上野
UENO
TATION

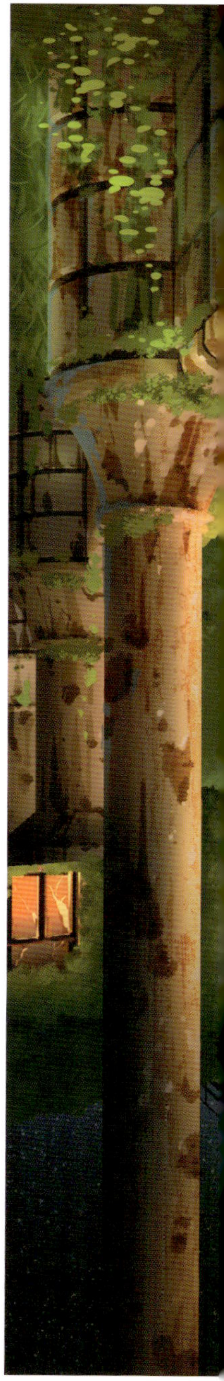

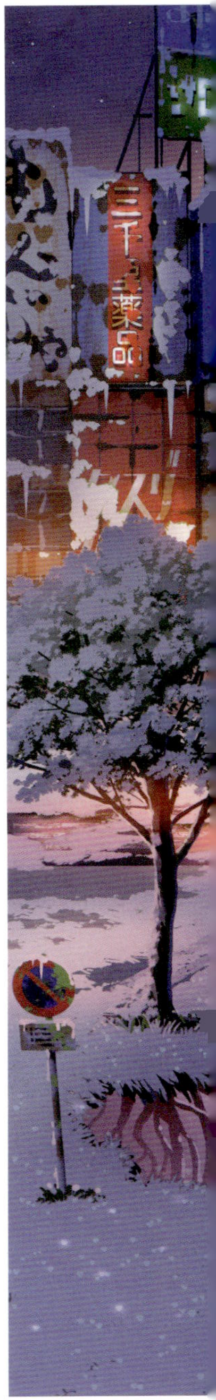

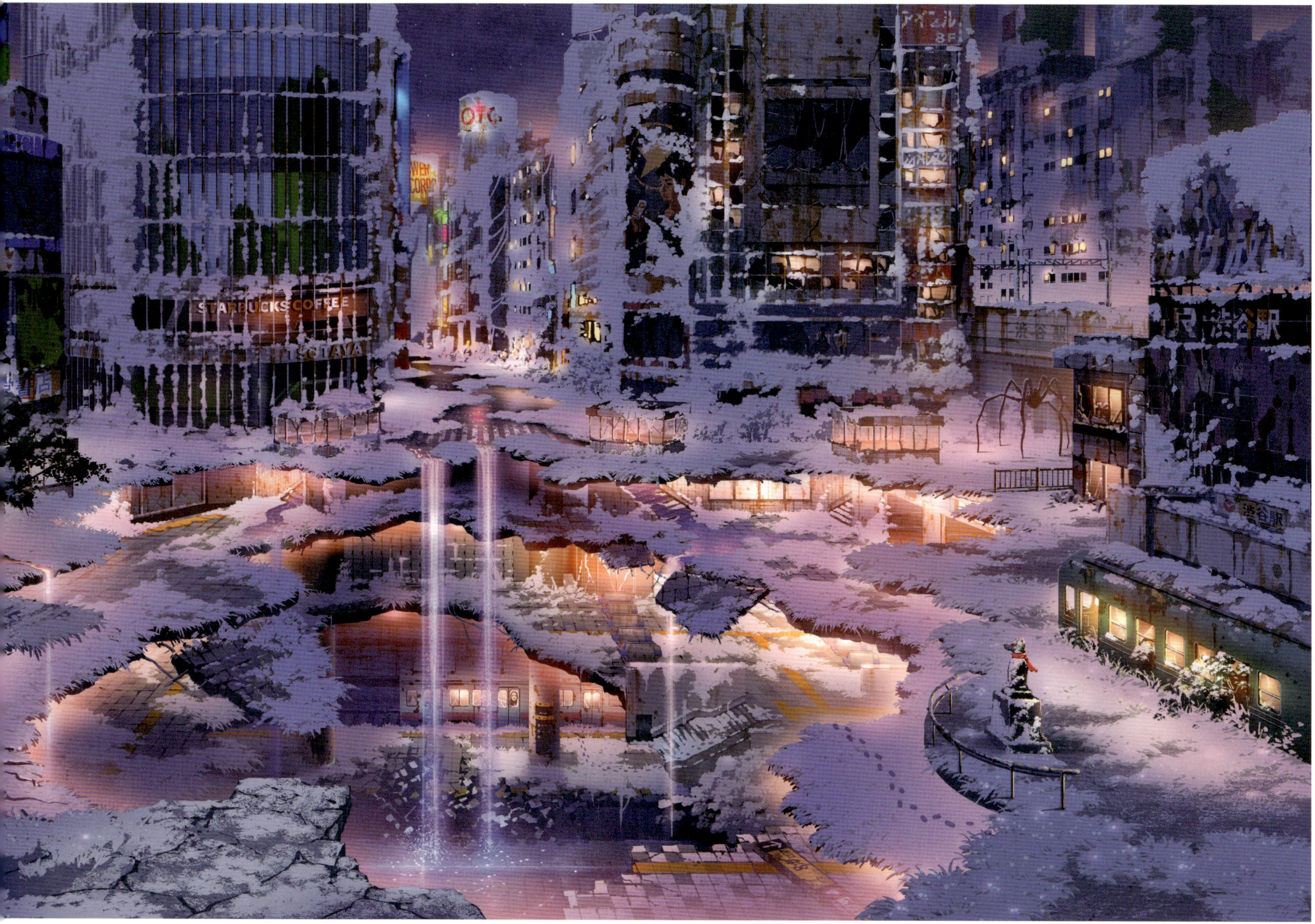
STARBUCKS COFFEE
渋谷駅

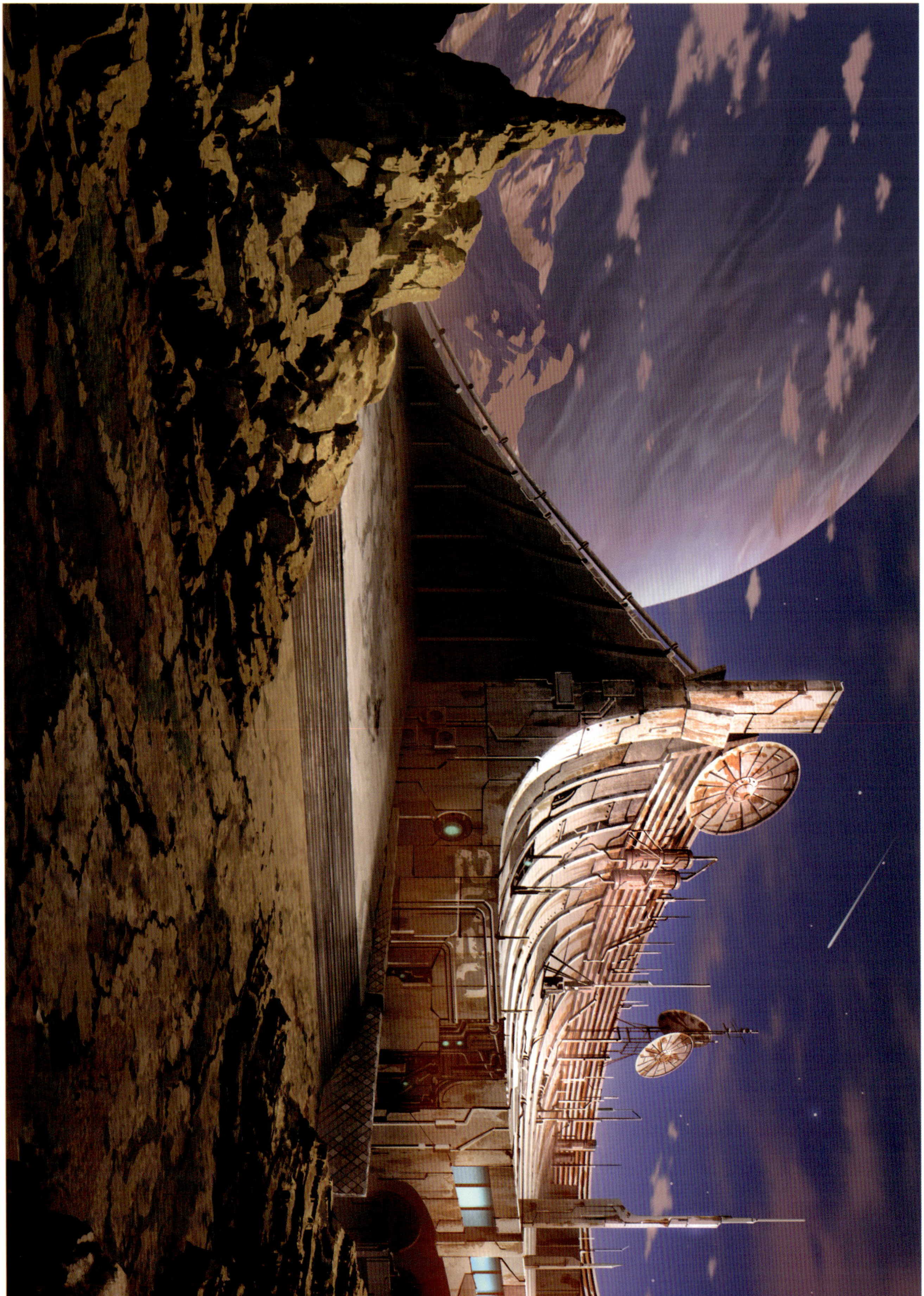

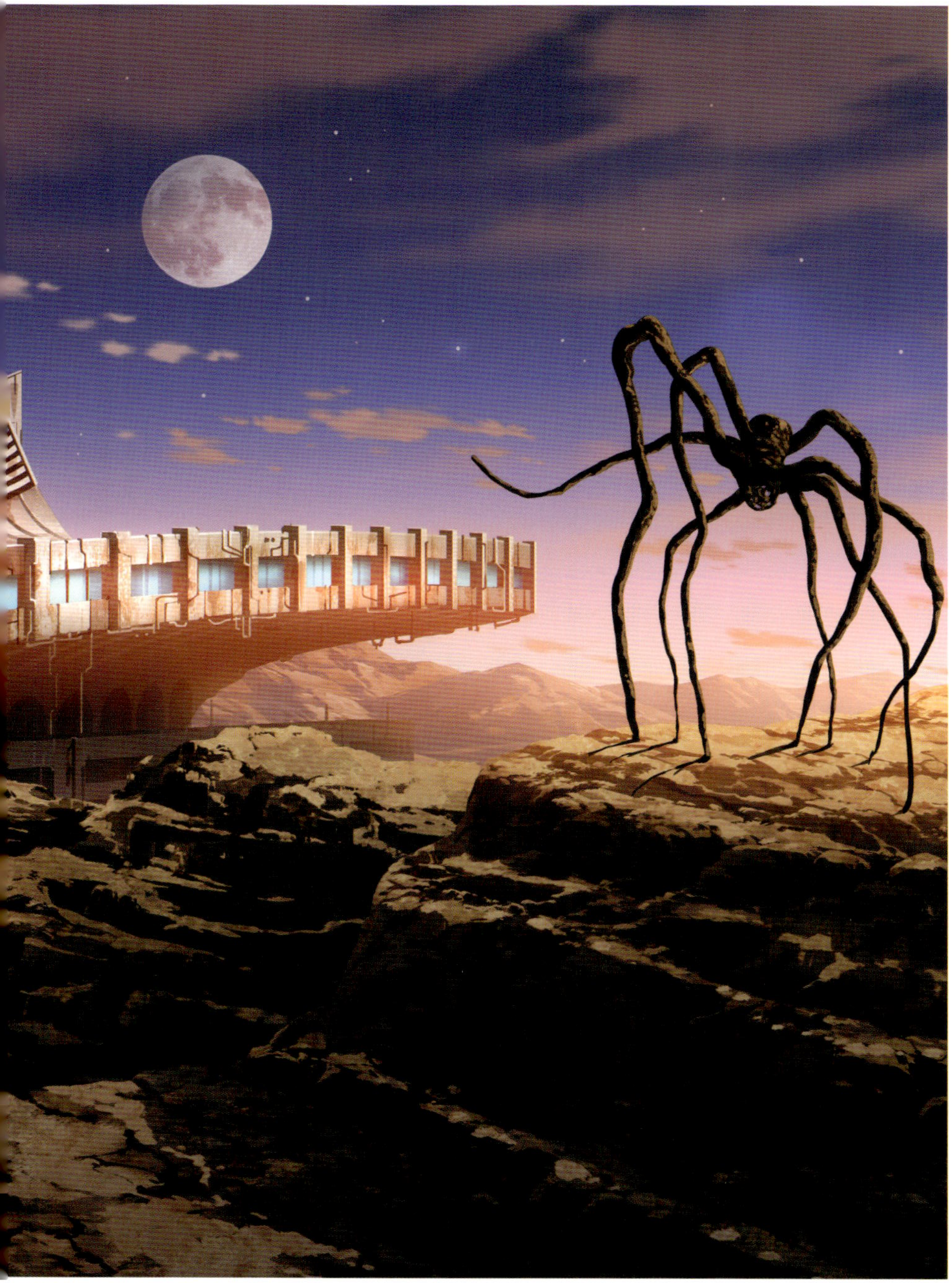

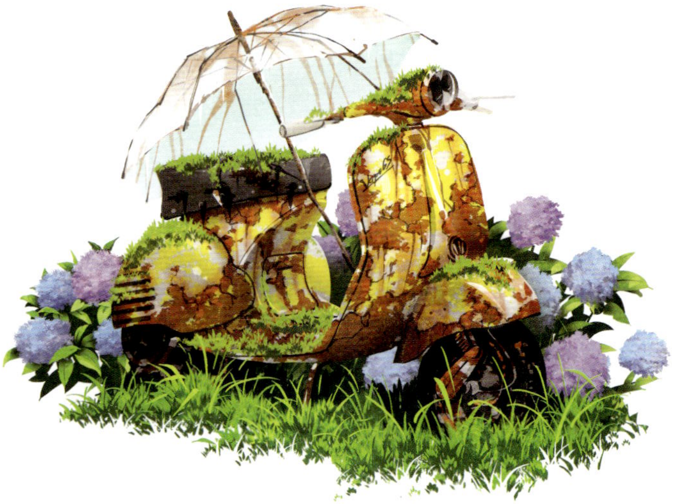

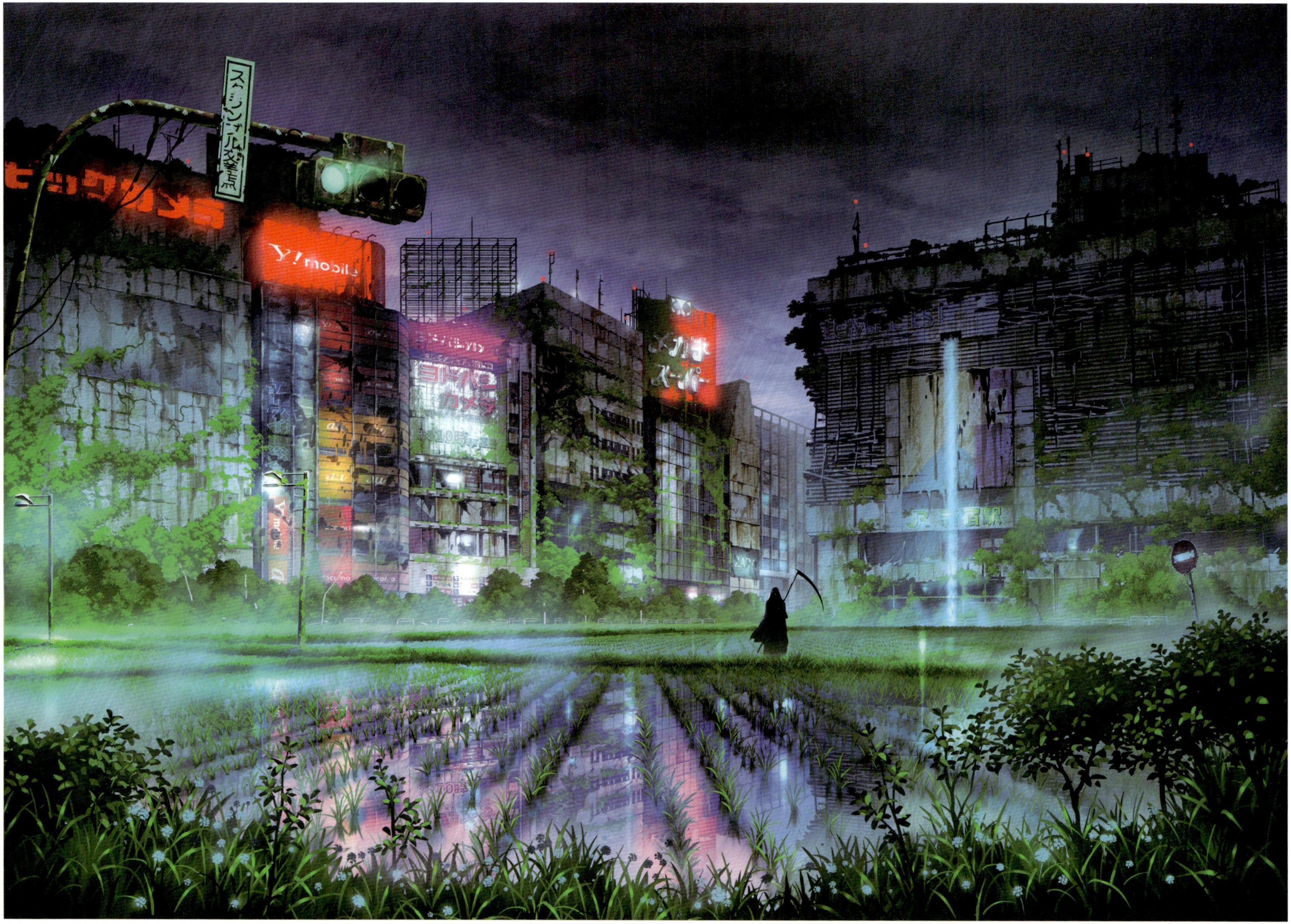
Y!mobile
ヨドバシカメラ
メガネスーパー

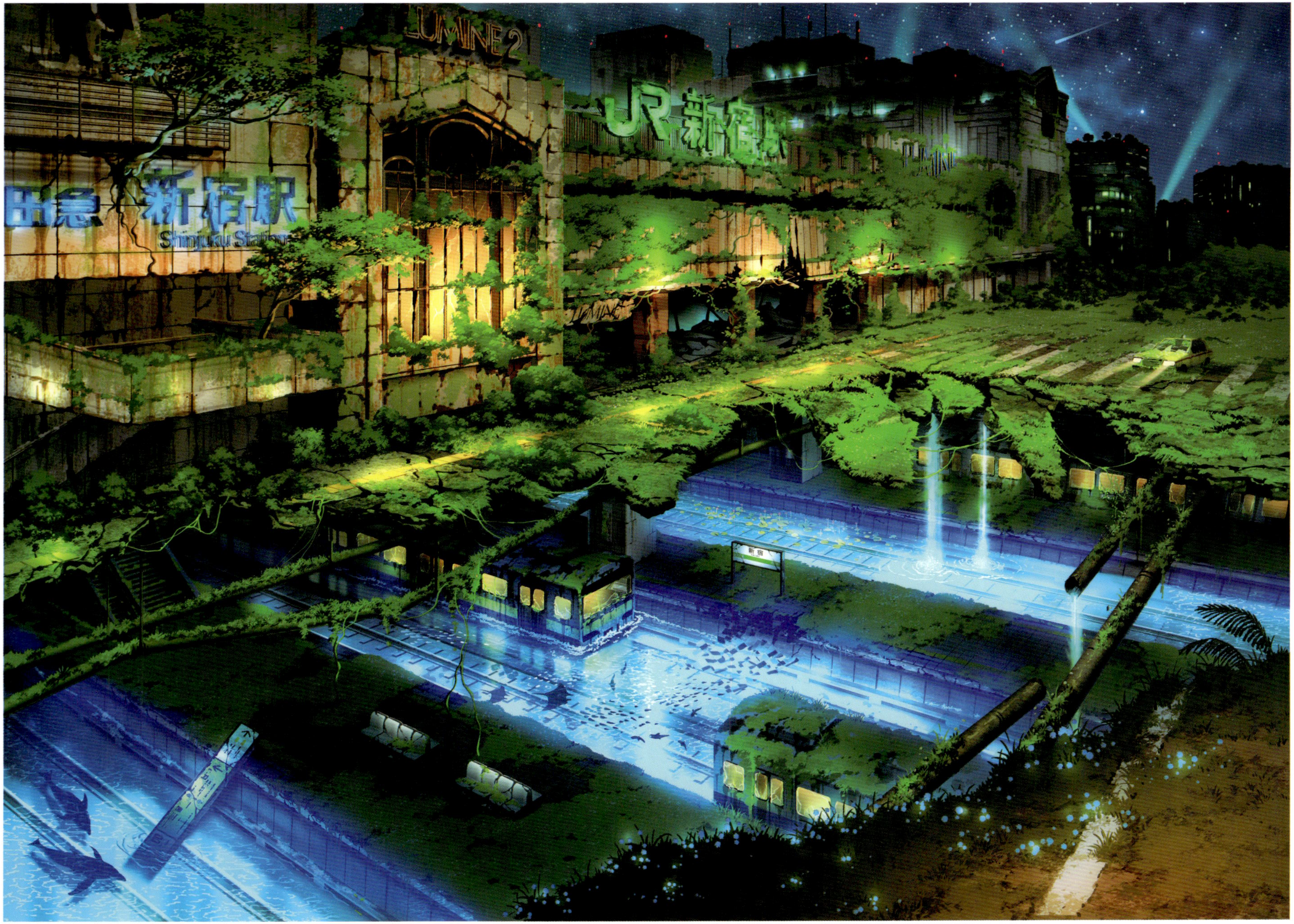
LUMINE 2
新宿駅
Shinjuku Station
新宿駅
新宿

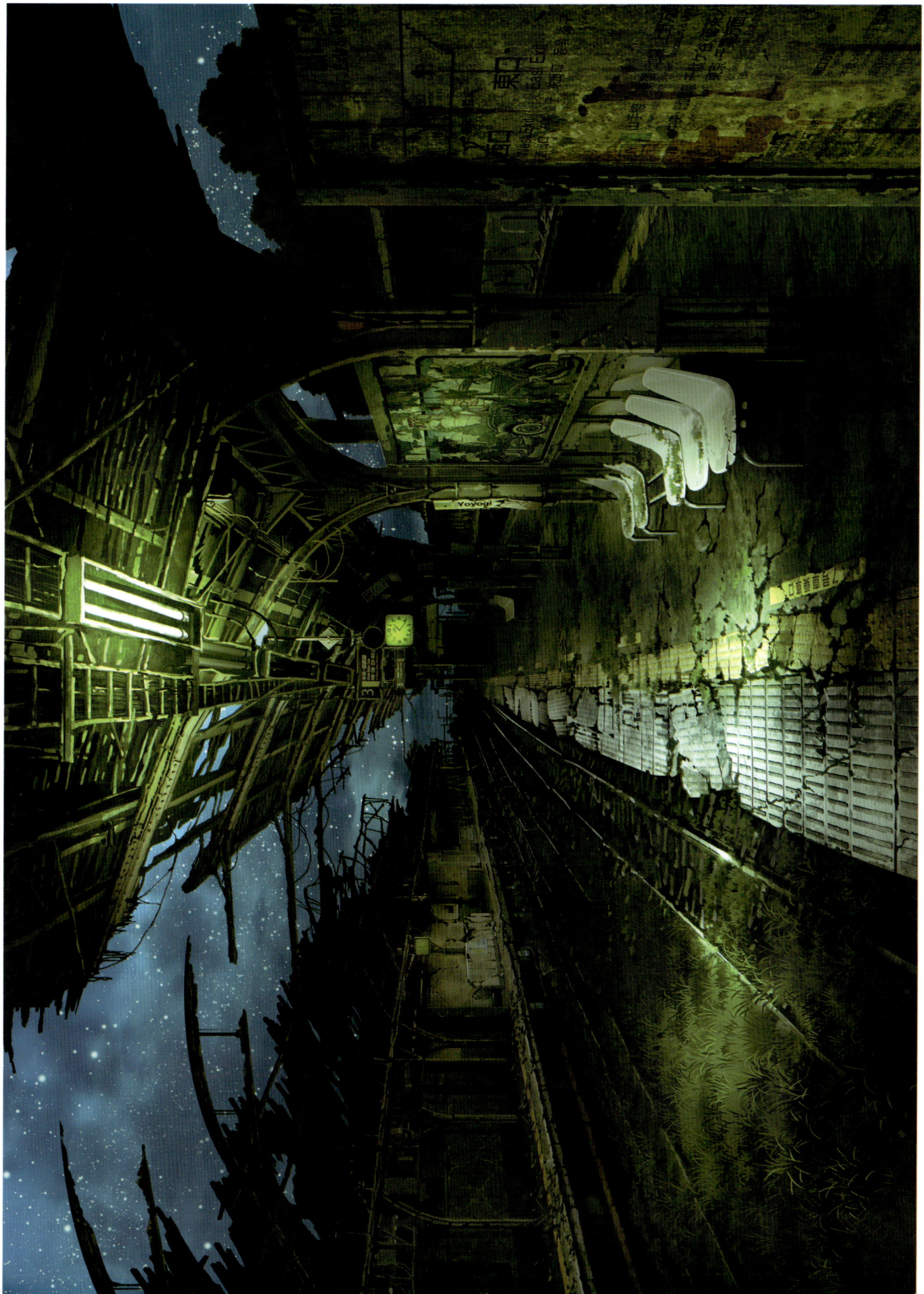
Yoyogi

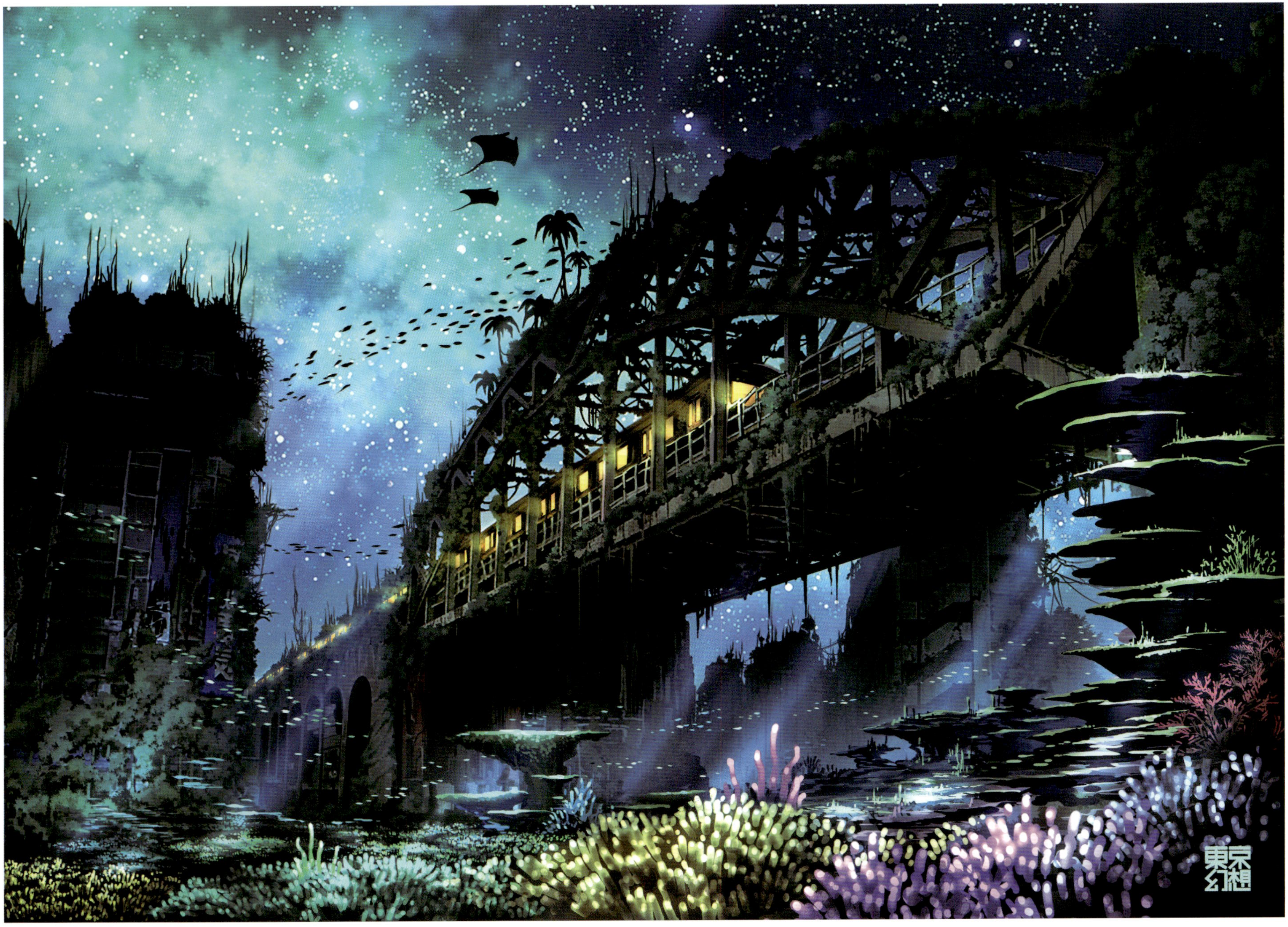
東京幻想

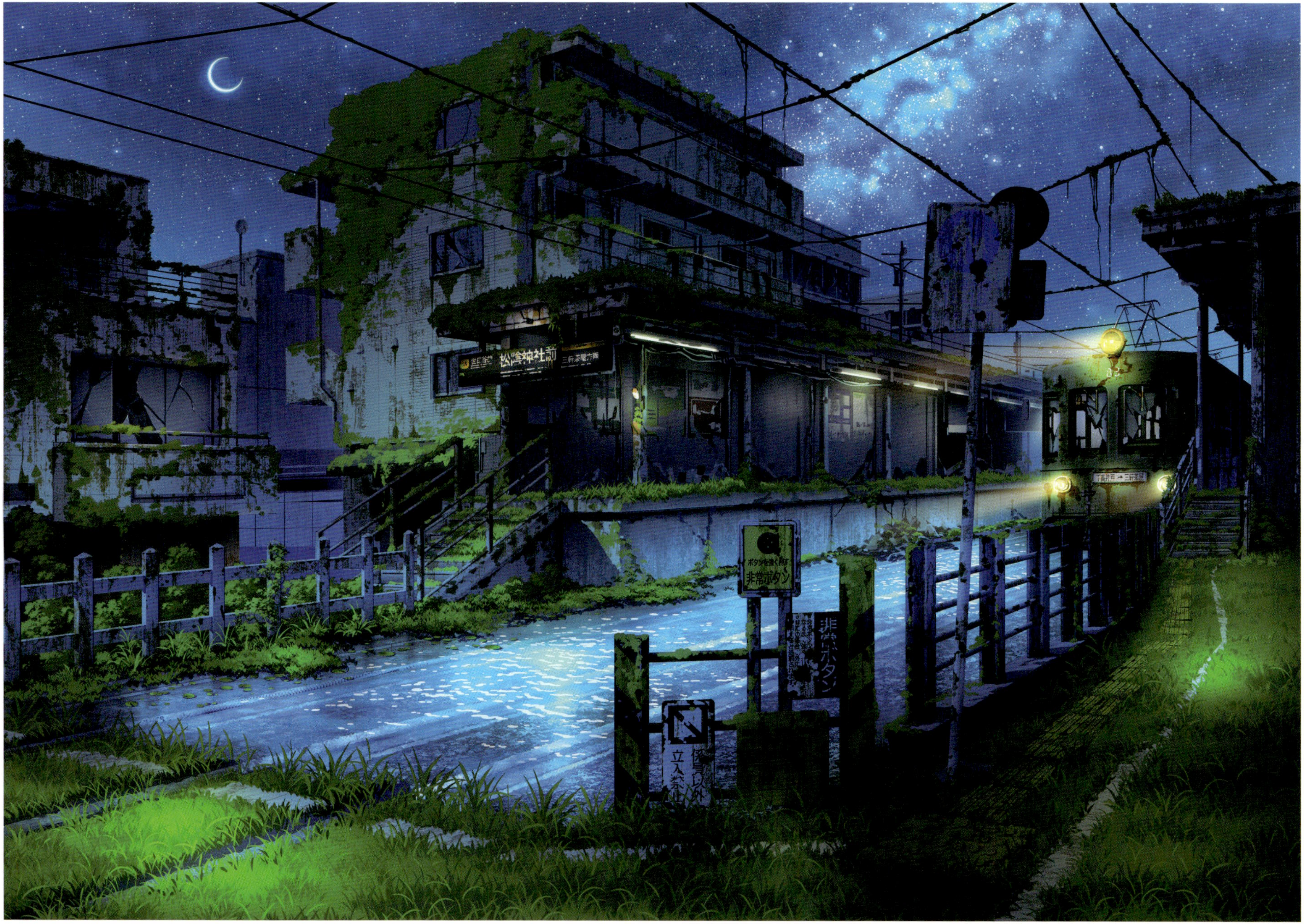
世田谷線
松陰神社前
三軒茶屋方面
ボタンを強く押す
非常ボタン
非常ボタン
係員以外
立入禁止

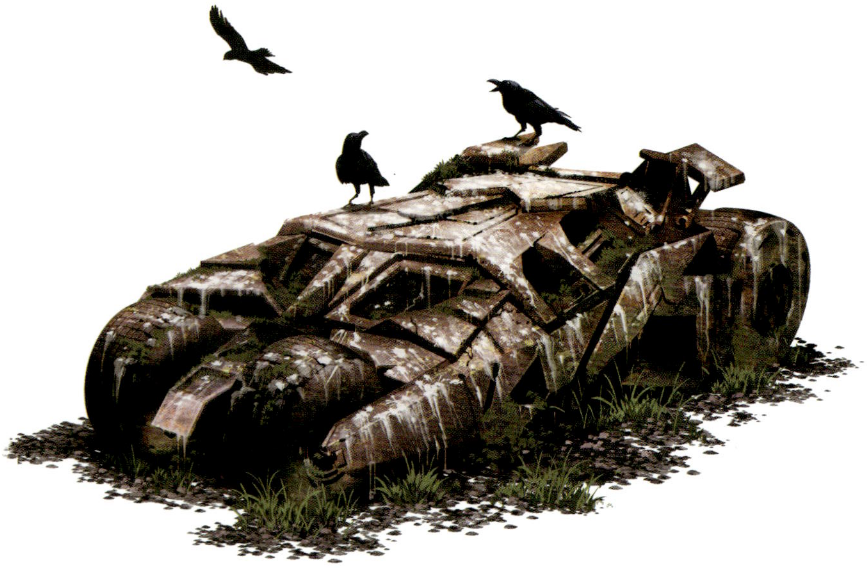

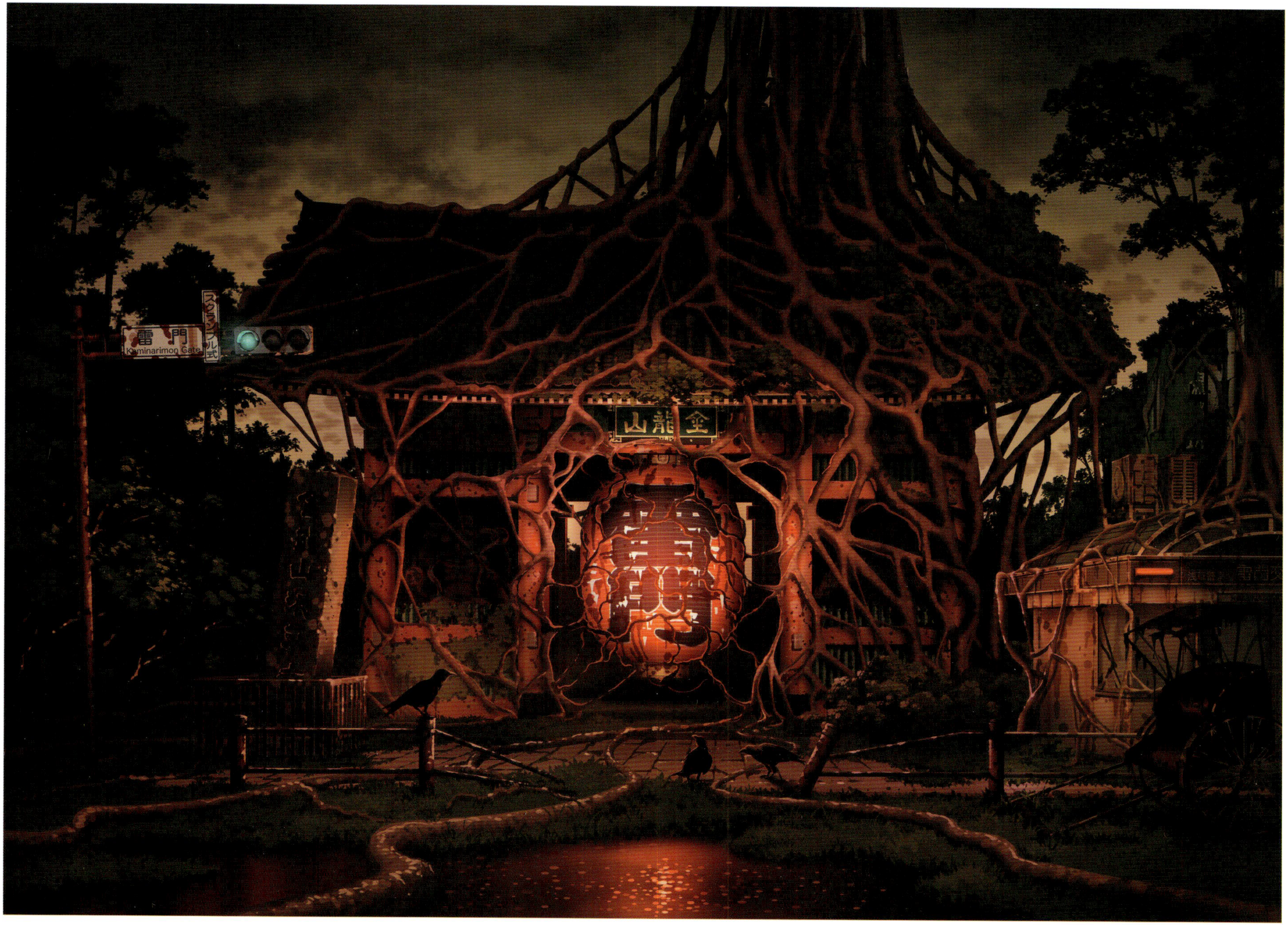
雷門
Kaminarimon Gate
スクランブル式
金龍山

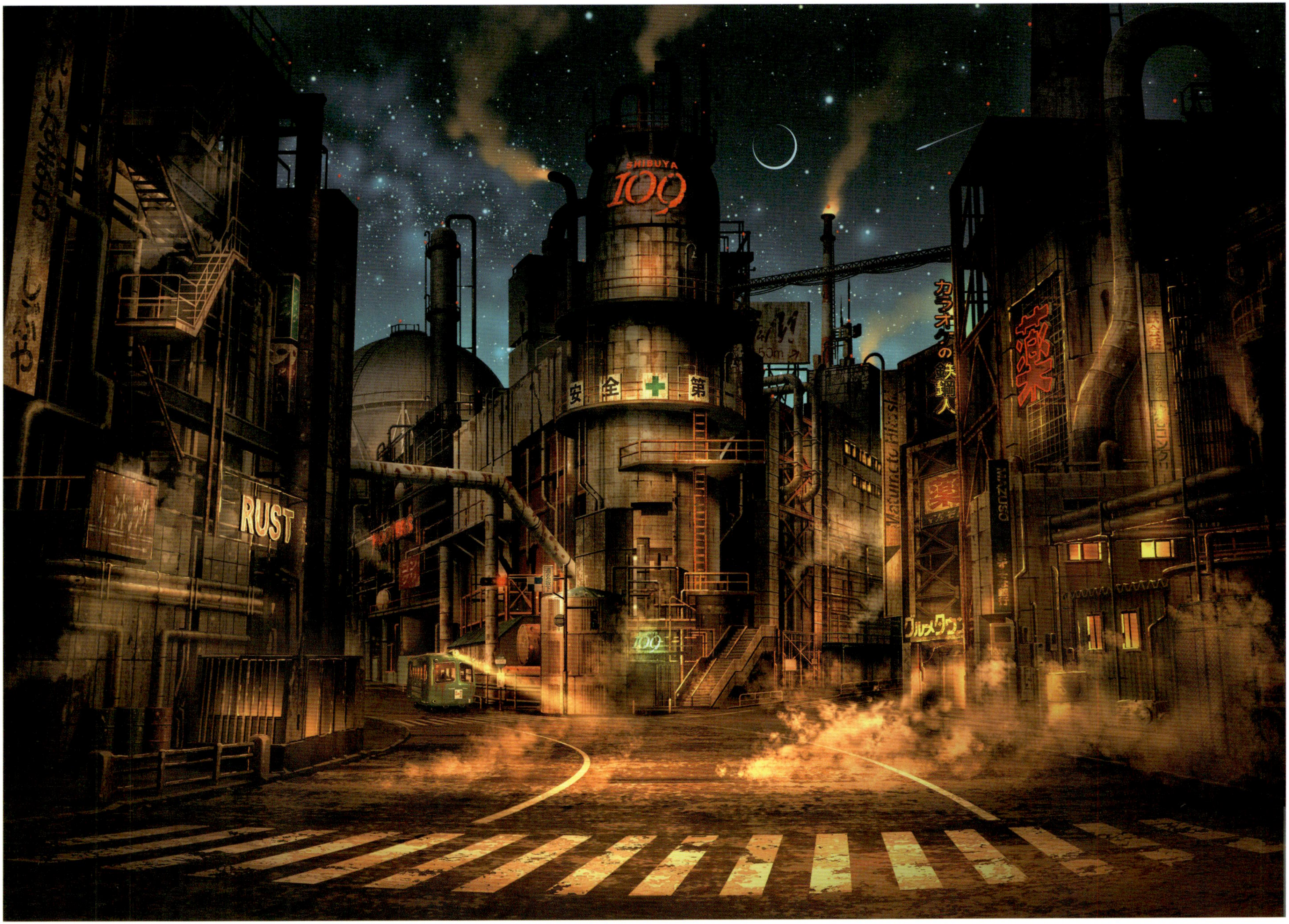

SHIBUYA
109
安全第
RUST
カラオケの鉄人
薬
グルメタウン

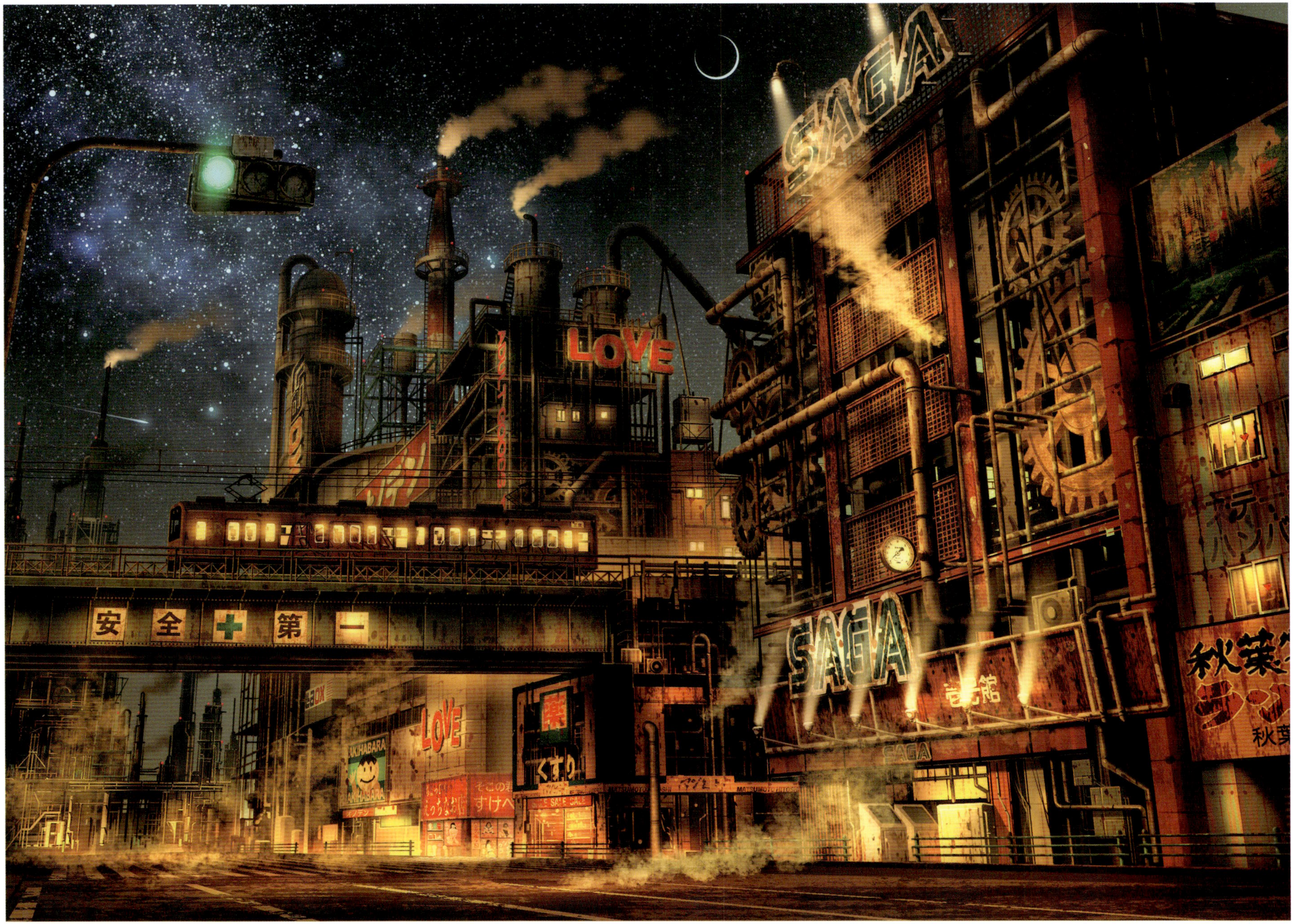
SAGA
LOVE
ADULT GOODS
安全第一
SAGA
薬
くすり
LOVE
AKIHABARA

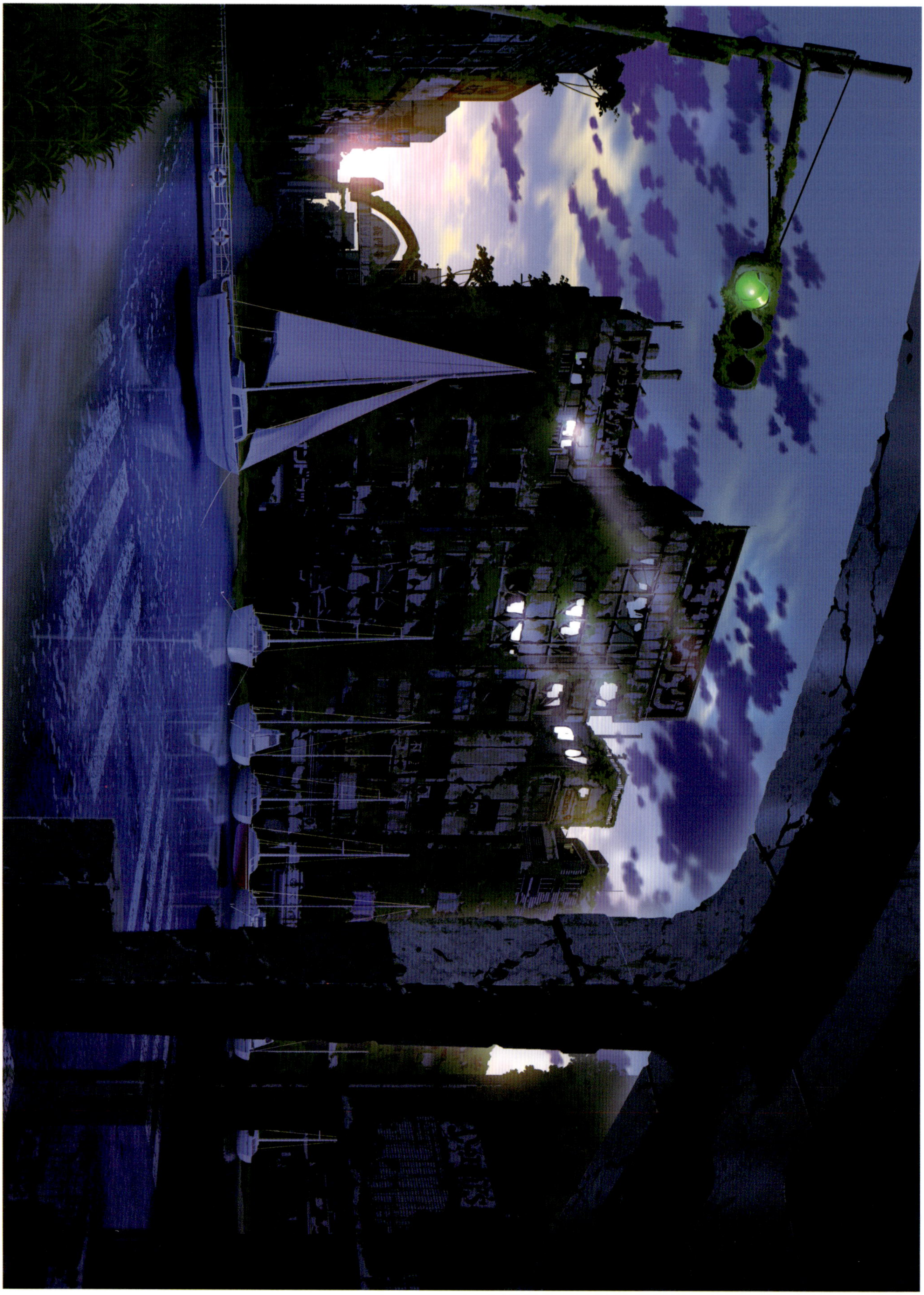

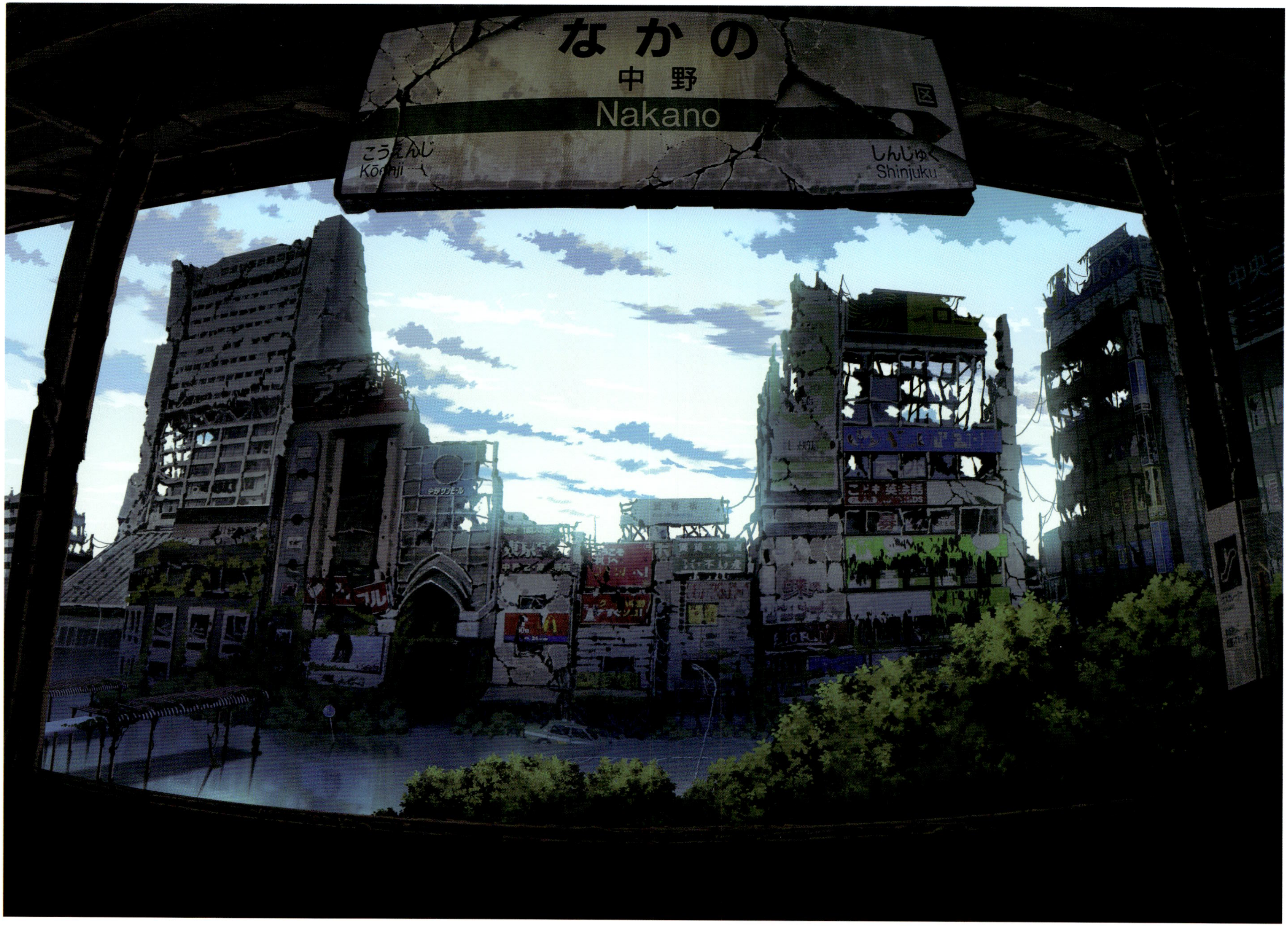
なかの
中野
Nakano
こうえんじ
しんじゅく
Shinjuku

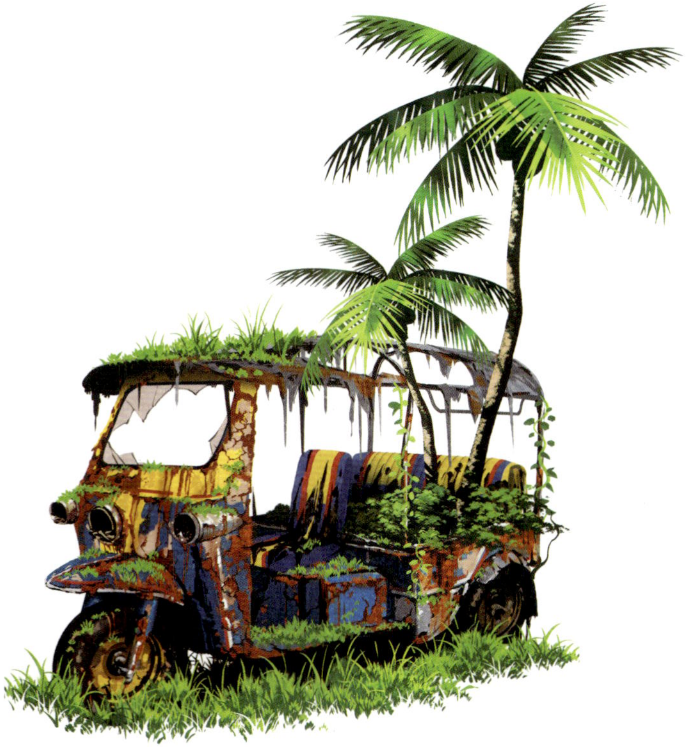

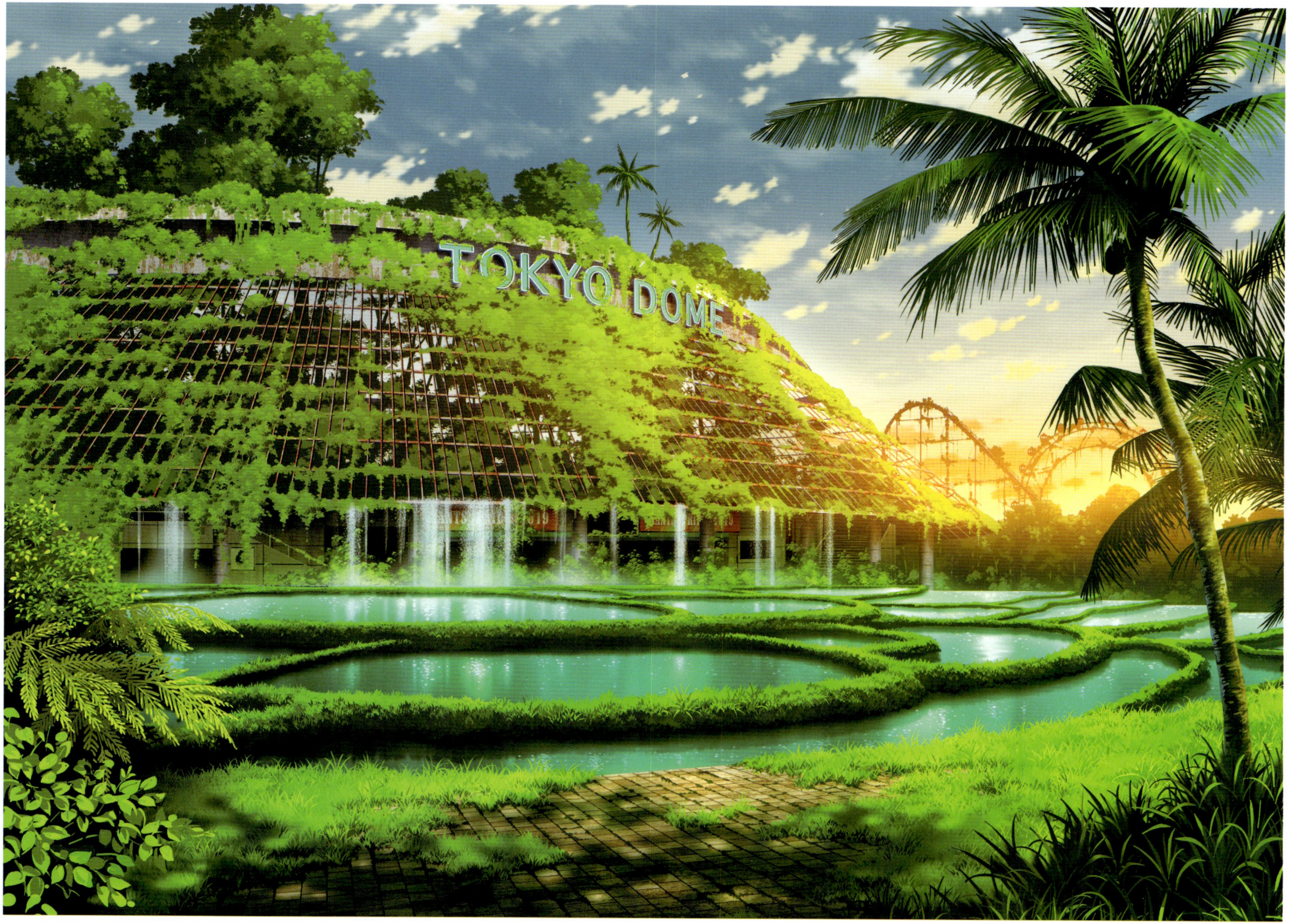
TOKYO DOME

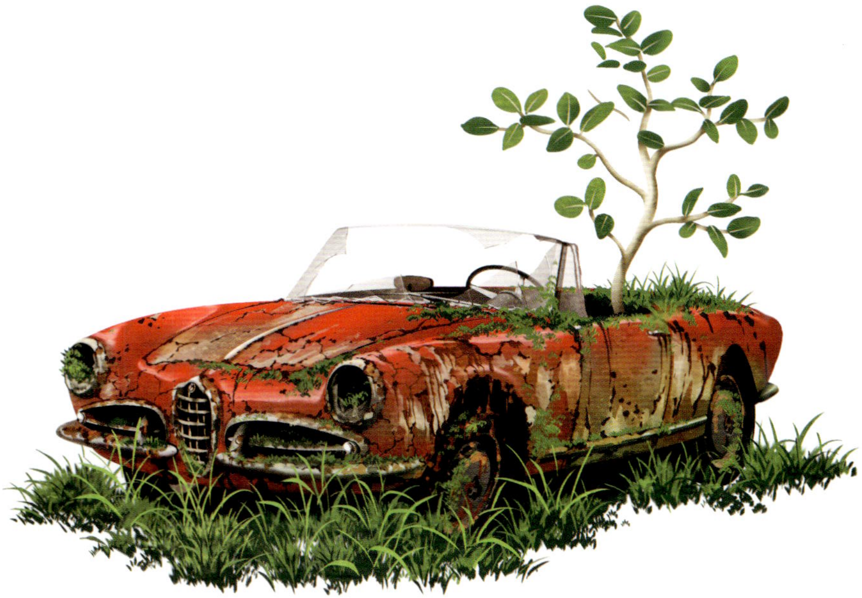

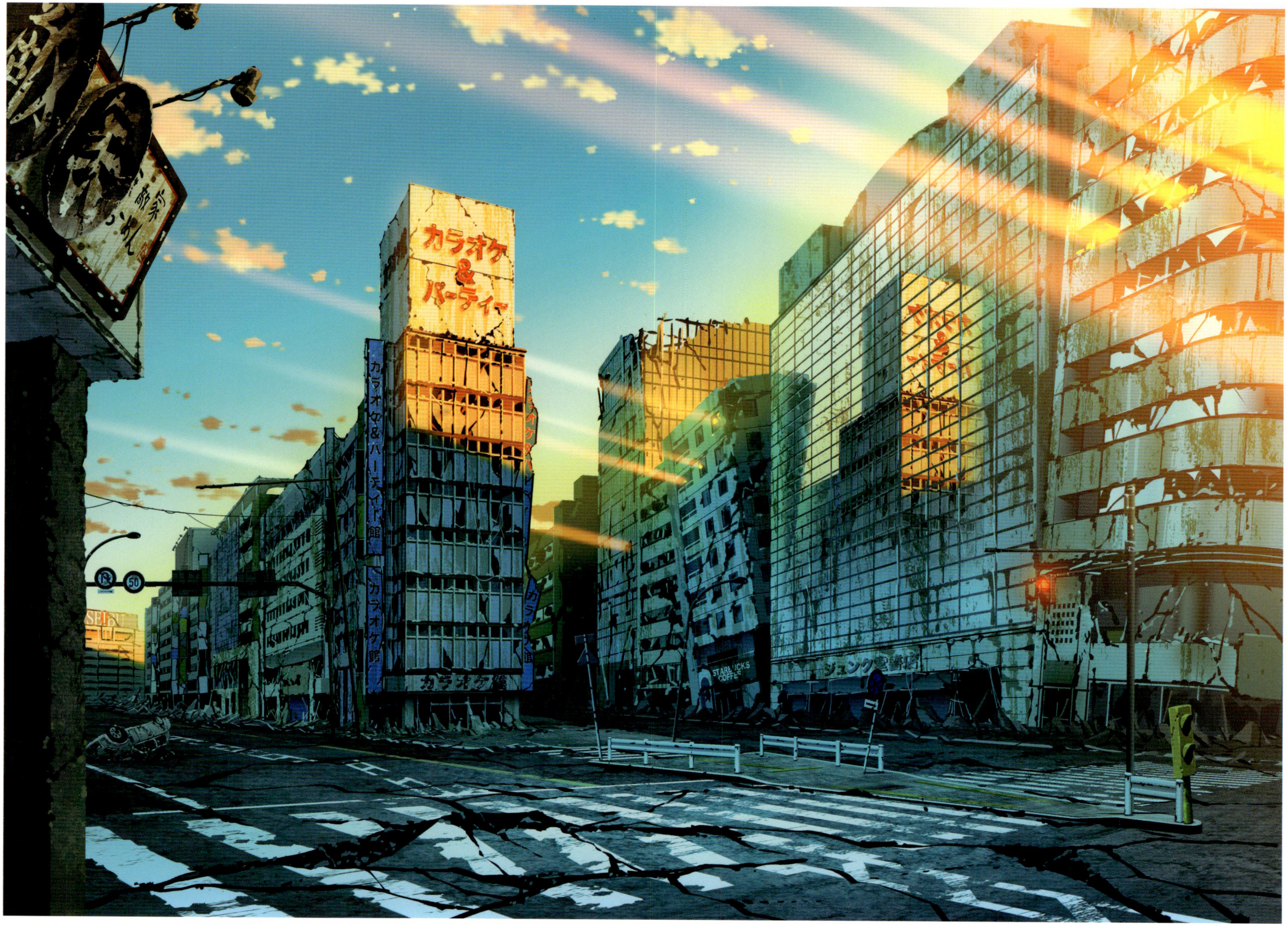
カラオケ
&
パーティー
カラオケ館
STARBUCKS COFFEE

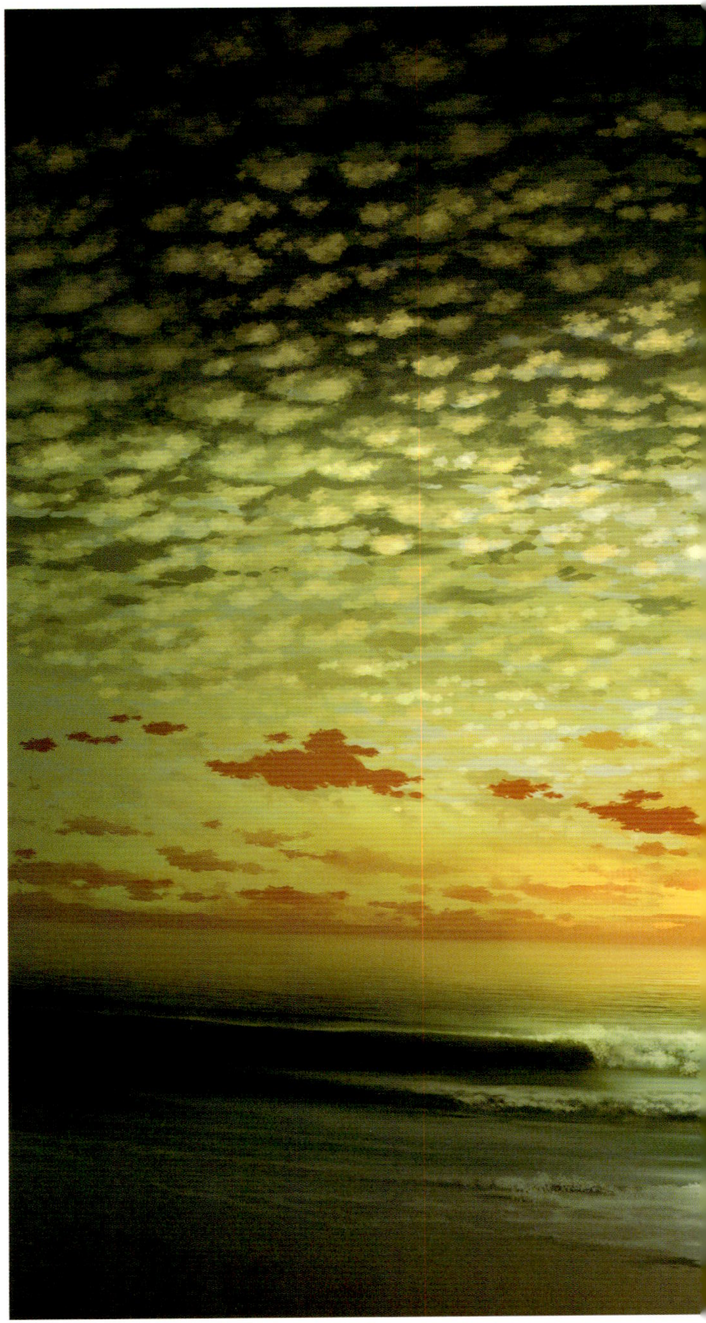

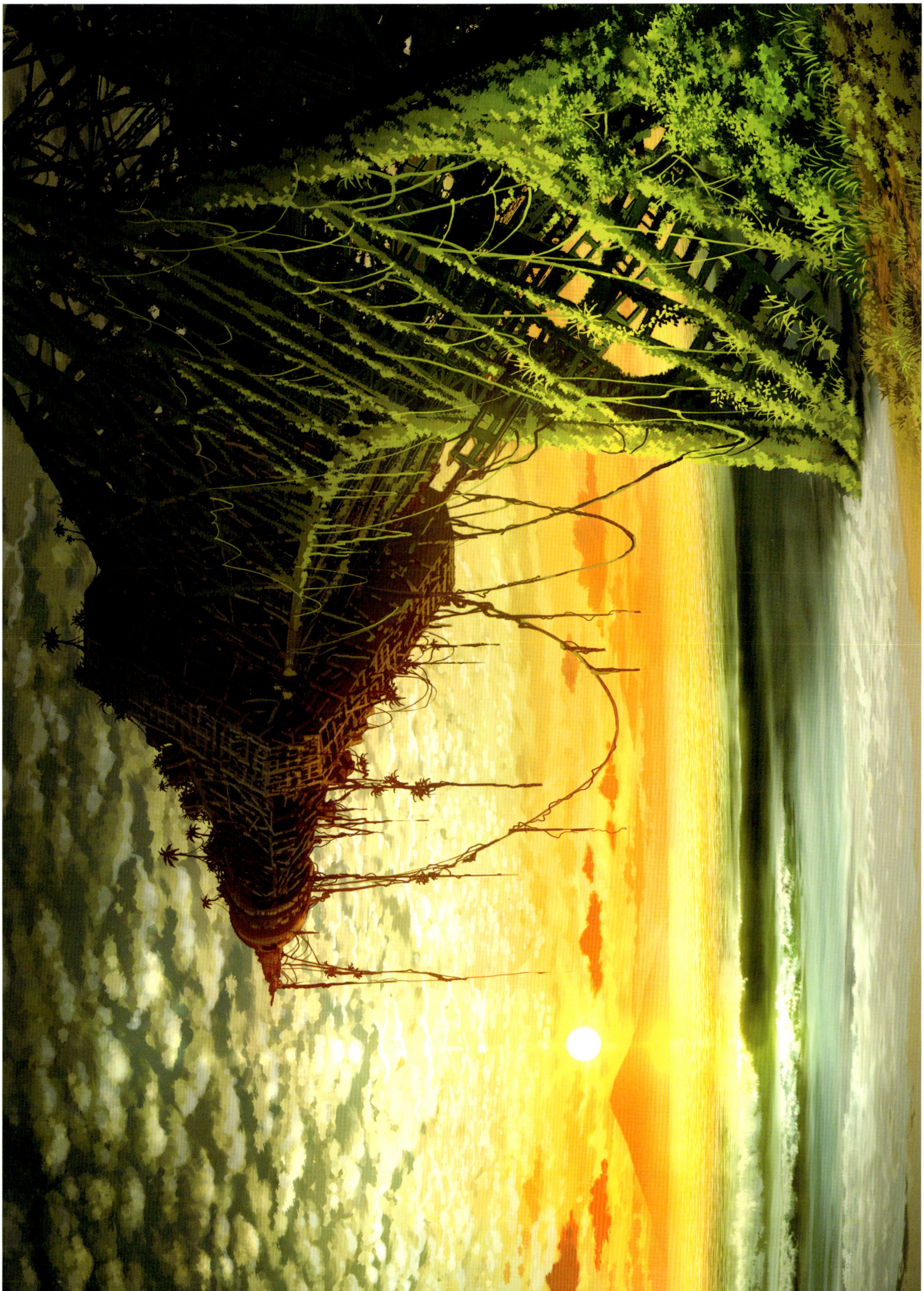

東京幻想５０問５０答

Q1　絵の仕事を志したのはいつ頃ですか？

高校の頃、美術の先生のアトリエに寝泊まりしながら、大きな壁画の制作を手伝わせてもらったことがあるんです。その時初めて、絵を描いてお金をもらえる生活が本当にあることを知り、強く憧れました。

Q2　絵はどのように学びましたか？

大学（実は経済学部です）を卒業した後、就職せずに美術系の予備校に通いました。そこでクロッキーやらデッサンやら、本格的に油絵の基礎を学びました。自分自身の切羽詰まった状況もあったので、毎日これ以上ないくらい絵のことを考えていました。腰痛持ちになったのもその頃ですね。

その後いろいろあって、アニメ背景制作会社に就職しました。毎日絵を描けてお金までもらえる。仕事はハードだけど、あの頃に夢見た生活が実現できたことは本当に幸せでした。そこで学んだことが今の活動の礎になっています。

Q3　デジタルツールを選んだ理由は？

選んだというより、必然でした。アニメ背景制作会社に入ってすぐは、まだ絵の具と筆と画用紙の時代でした。自分のデスクの上からニッカーのポスターカラーが消えて、PC に変わったのはそれから３年目くらい。結構ショックでしたよ。みんなしばらくは違和感を覚えていたし、抵抗していつまでもカビの生えた絵の具を並べているベテランの先輩も居たんだけど……あっという間にデジタル中心になりましたね。だって、やっぱり便利ですもん。コストも生産効率も全然違いますから。

Q4　制作に使ってるソフトは？

「Photoshop CC」です。

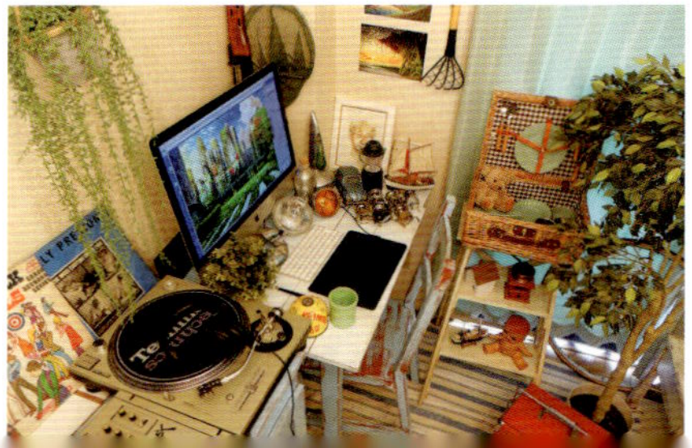

Q5　制作の工程をおしえてください。

どの場所を描くかを決めたら、撮ってきた写真なんかを参考にノーマル（昼）の色で、いわゆる「現実」の風景を描き起こします。その作業が一番つまらない。だって、最終的にほとんど壊しますからね（笑）。まぁ、とにかく１日がかりでそれを終わらせます。

そこからです、楽しくなるのは。建物をぶっ壊したり緑を生やしたり、「季節」や「時間帯」をどうしようかなと考えたり。光の差し込みなんかも、実際の方角なんて完全に無視して、ゲンソーワールド全開という感じ。その時は危ない目つきをしていると思います、ゾクゾクしますから。

Q6　絵を描く時一番苦労することは？

腰が痛い。

Q7　よくある１日の時間割を教えてください

朝９時ぐらいに起きる。コーヒーとパンを食べて、午後２時頃までは集中して仕事をします。仕事というのはだいたいゲームの背景です。場合によってはアニメのお手伝いもあります。その後、スクーターに乗って近所の中華屋なんかにお昼を食べに行きます。そして、決まってお昼寝。５時ぐらいからまた夜まで仕事をしたり、幻想の作品を描いたりします。夕飯は 10 時頃に食べて、寝るのは深夜２時ぐらいです。

Q8　SNS で作品を発信する上で心掛けていることは？

まずはインパクト。どんどん流れていく投稿の中で、「えっ、何これ⁉」「あー、知ってる場所がこんなんなってる⁉」って、一瞬で人の目に止まる必要があるので。そもそも僕が作品に対して意図している部分って、それだけなんです。それ以上は見る人の勝手ですから。

Q9　SNSで作品を発信する上で気をつけていることは?

作風的に「退廃感」だったり「孤独感」のようなものはありますが、なるべく不快にならないように気をつけているつもりです。ただ、廃墟をかれこれ10年以上描いているわけですから、僕自身が何かそういうものを求めて、あるいは現実から逃げ出したくて、夜な夜な一人ぼっちでペンタブを握りしめているのかもしれません。**できれば美しくありたいし、絶望よりは希望を感じてほしいです。**

Q10　最初の作品についてのエピソードを教えてください。

最初は「渋谷109」です。

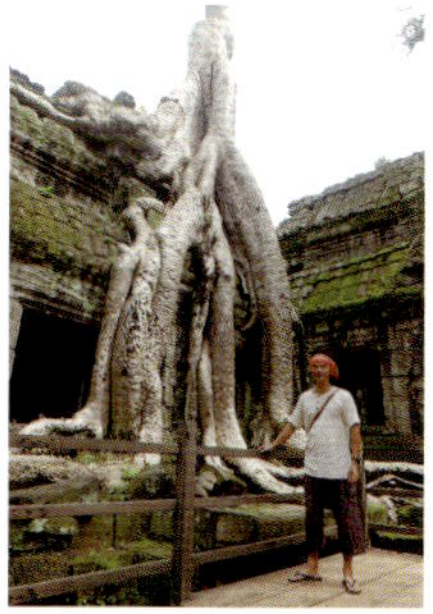

これがなかったら東京幻想はなかったと思います。

20歳やそこらで、今自分が何をしたらいいのかわからなかった時期に、夢中でアジアを回りました。何度も何度も。その時、アンコールワット遺跡群で見た「タプローム寺院」は、このまま日本に持って帰りたい、と思うくらい衝撃的でした。若者で賑わう渋谷109が、こんなふうに巨木の根っこで覆われたりしてたらかっこいいのにな、と当時から思っていました。描いている時は遊び半分でしたが、後からじわじわと思い入れが強くなってきました。大事にしております。

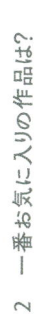

Q11　東京幻想というペンネームの由来は?

いつも聞かれます（笑）。「渋谷109」の絵ができて、会社の席の隣の人に見せたら「いいじゃん、pixivに出しなよ」って。「それなら名前考えなきゃ。東京なんとか、がかっこいいな〜、あ、ファンタジーって日本語でなんだっけ？」という具合にたぶん5分くらいで決めました。作家の辻仁成さんには「東京幻想っていい名前だね、ところで苗字は東京でいいの？」と、からかわれました（笑）。

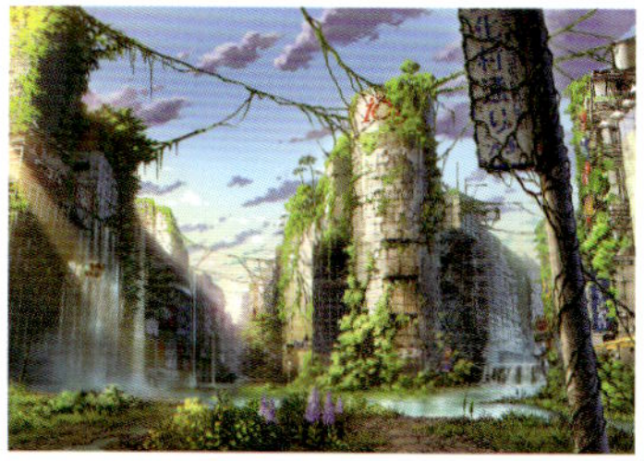

Q12　一番お気に入りの作品は?

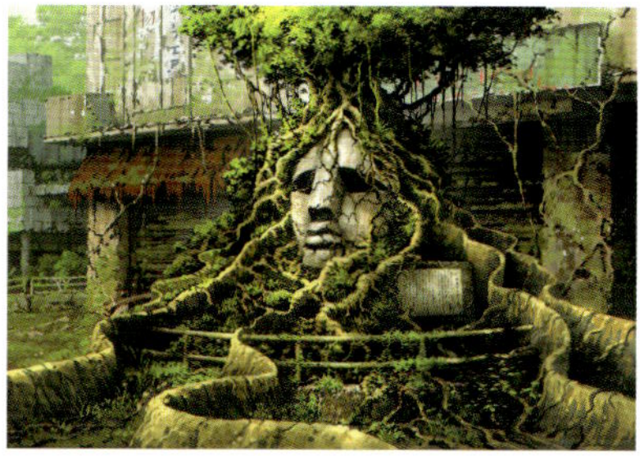

渋谷のモヤイ像ですね。ウケるな〜って自分で思います。これもタイのアユタヤにある石像からイメージを拝借しました。最近加筆してさらにキュートになりました。

Q13　アイデアが湧くのはどんな時?

自分の場合、実際に筆（ペンタブ）を動かしてないとアイデアは湧いてこないんです。

とりあえず何か描いてみるか、なんて描き始めたら少しずつ描きたいものが見えてくる。パッと良いものがひらめいたら、それに合わせて構図を修正してみたり、それがダメなら一から全部描き直すこともあります。あまり効率は良くないんですが描くスピードは昔から早いんで、あとはゴールに向かって突き進む、といった感じでしょうか。

もちろん、普段から旅行先や外出先で写真を撮ったりネットで眺めたりして、ネタは常にストックしています。ただ、作品を描く前から完成が見えていたことはあまりないですね。

Q14　スチームパンク風の作品はなぜ生まれた?

廃墟を描くのにちょっと飽きてきた時期があるんです。そんな時に、ふと自分のペンネームが東京“幻想”だってことに気づきました。

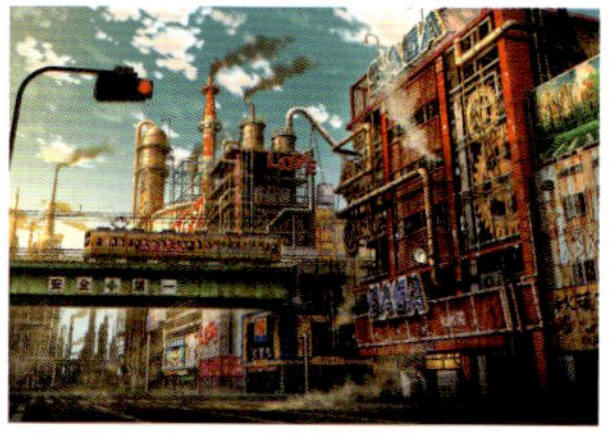

それで、前から描いてみたかったスチームパンク風の街並みに挑戦しました。川崎の工場地帯にもよく写真を撮りに行ってるし、普段見慣れた自転車の変速機や車のエンジンルームからもヒントを得て、渋谷や秋葉原の風景に落とし込んでみました。いかがでしょう？

Q15　「廃車幻想」シリーズの魅力を教えてください。

田舎のほうに行くと、朽ち果てたちょっと昔の軽自動車をたまに見かけますよね。ああいうのが大好きなんです。イメージ的にはラピュタに出てくるロボット兵とも重なって、なんだか愛おしく感じます。

例えば、自分の好きな「世界の名車」がそんなふうになっていたら面白いなと。

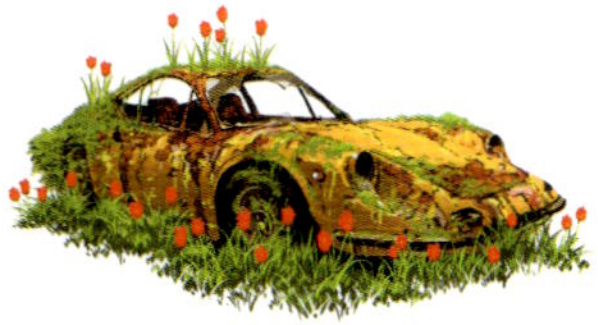

少し前のニュースで、日本の古い納屋で見つかったフェラーリが海外のオークションで何億の価値がついたという話がありました。ああいうのは想像を掻き立てられますね。

Q16　一番好きな色は?

難しい（笑）。色はその組み合わせですからね……ただ、生い茂る植物の「緑」が綺麗に見えるように何となくやってるんで、結局「緑」が好きなんでしょうね。

Q17　夕方が多い理由は?

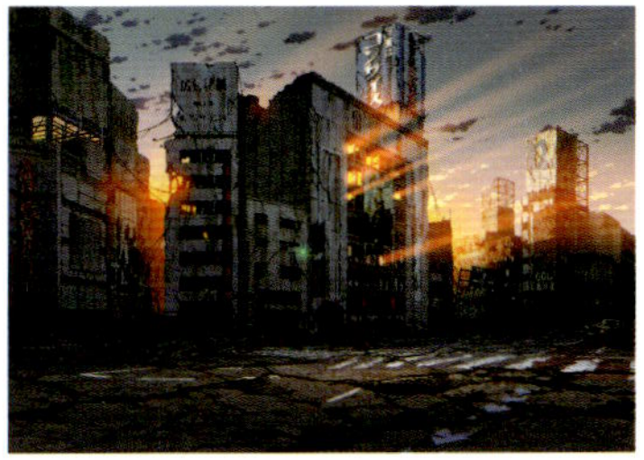

ここだけの話、みんなが好きだからです。アニメでも映画でも物語のクライマックスは決まって夕方（黄昏時）、もしくは明け方のいわゆるマジックアワーですよね。ぼーっとしてるとあっという間に色が変わってしまう、その一瞬に刹那を感じて、**できることなら永遠にその景色を自分の中に留めておきたい。**青春ですね（遠い目）。

Q18　どの季節が好きですか?

夏です。朝っぱらからセミが鳴いていて、この感じだと暑くなるゾ～って日は、仕事になりません。

Q19　好きな時間帯は?

絵になるのは夕方や明け方なんですけど、やっぱり真夏の太陽の下、木陰なんかもいいですね、**絵なんか描いてらんない。**

Q20　好きな生き物は?

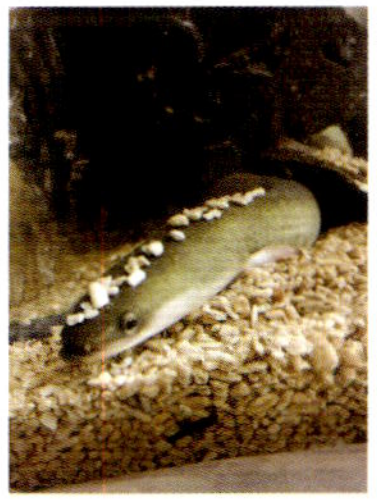

・うなぎ（飼っております）
・メダカ（飼っております）
・ハエトリグモ（時々家にいるのをそっと見守ります）

Q21　好きな建物は?

・アンコール遺跡群
・ピラミッド
・タージマハル

Q22　一番ホッとする場所は?

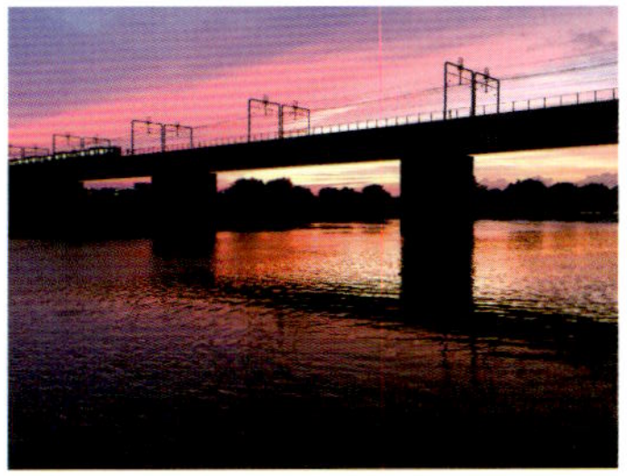

多摩川の丸子橋あたりです。そこに関があって、夏の夕方にはうなぎを釣るんです。帰宅ラッシュで満員の東横線が、夕日を浴びて綺麗なんですよ。

Q23　長い自由時間ができたら何をしたいですか?

海外旅行。ヨーロッパはまだあんまり行ってないし、アメリカ方面もまだなので。レンタカーで大陸横断とかしてみたいですね。

Q24　印象深い旅行先は?

いろんなところを一人旅しましたけど、フィリピンにサーフィンをしに行った時は最悪でした。まず、着いたら波がでかすぎてそれどころじゃない。しかも地元の小僧たちに絡まれて、嫌になって明け方の暗いうちに逃げるようにチェックアウト。その後、なんやかんやで山奥でヒッチハイクする羽目に……話せば長くなります。

Q25　ヴィジュアルとして鮮明な記憶はありますか?

スカイツリーが建設される途中、まだ土台ができてるくらいの頃ですね、見に行ったんです。近くのマンションの上から見ました。

Q26　好きなにおいは?

アジアの市場のにおいですね～。たまに東京でも下町の商店街なんか歩いてると、ふっと一瞬感じる時があります。

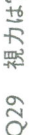

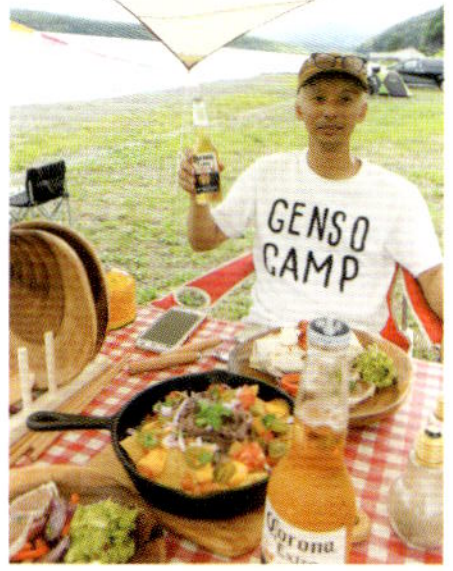

Q27　好きな食べ物は?

BBQ でのシャウ※ですね。　※シャウエッセンのこと

Q28　苦手な食べ物は？

納豆。

Q29　視力は?

悪いです。両方とも 0.1 以下です。普段はメガネで外出時はコンタクトです。

Q30　好きな本は?

いろんなクラシックカーが載っている本。特にヨーロッパの古い車が好きなので。代官山の蔦屋書店は車の本が多くて、何時間でも居座れます。

Q31　好きな音楽は?

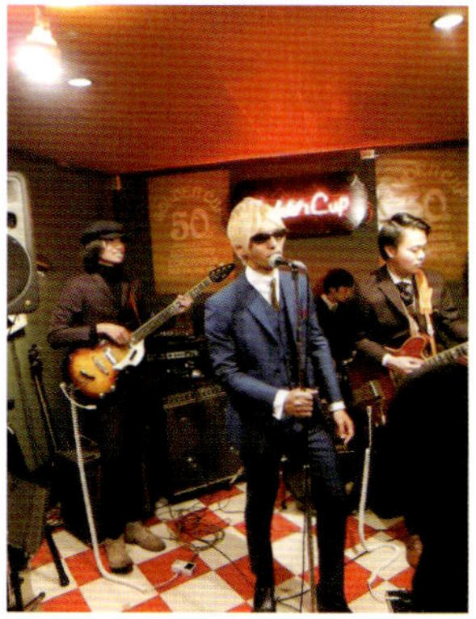

60 年代の R&B や BLUES を一生懸命聴いていた時期があって、その時にはアナログのレコードなんかも少し集めましたし、後輩を集めてバンドをやっていた時期もあるんです。最近はジャンルにこだわらず色々聴いていますね。

Q32　好きな映画は?

バックトゥザフューチャー。

これはもう高校生の時から今まで変わらない。高校の美術の先生がデロリアンに乗っていて、それで駅まで迎えに来てくれたんですよ。マジか、と（笑）。それからですね。未来や過去を想像して現在を再確認する、その発想は今の作品制作にも大きく関わっているように感じますし、ファッションや音楽、車などのヴィンテージカルチャーに憧れるようになったのもそれがきっかけかなと思います。

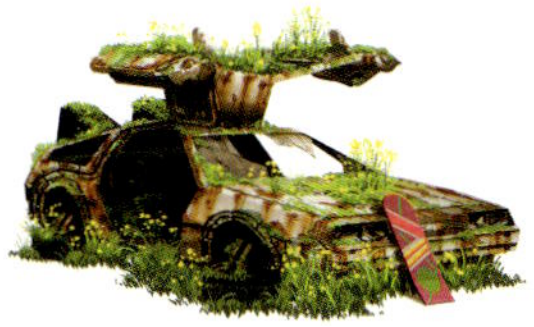

Q33　あなたの宝物は?

僕の相棒、1963 年式 VW ビートルです。1963 年というのは外装の見た目で、エンジン、シャーシは高年式のブラジル製なんです。18 歳からこれ 1 台、もう

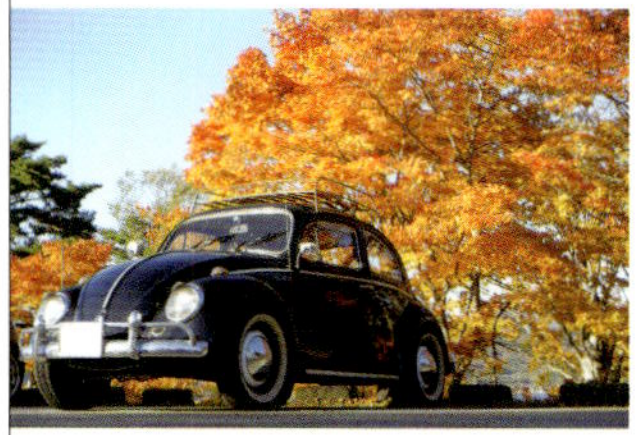

20 年以上乗っていますが、メンテナンスもほとんどせずに調子良く走っています。一昨年やっと念願のクーラーを取り付けましたので、夏でも快適です。実は 3 年前にもっと古いクラシックカーを手に入れたんだけど、そっちはもう 1 年近く入院していて、ちょっと笑えない状況です。

Q34　人生で一番楽しかった時期は?

バックパッカーで東南アジアを巡っていた時期ですね。旅に出ると、日本の常識の中で育った固定観念みたいなのがパーッと消え失せて、自由な気分になるんです。それは爽快でした。ただ、**この感動を誰かに伝えたい、でもその方法をまだ知らない、**というもどかしい時期でもありました。

Q35　好きな街は?

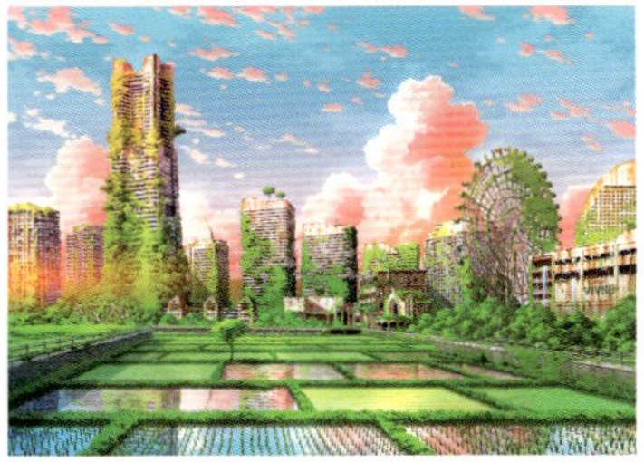

横浜みなとみらい付近。東京と関係なくてすみませんが、夜の雰囲気とか最高です。実は福岡で生まれたんですが、小学生の頃、横浜に引っ越して以来、大人になるまでずっと住んでいました。だから「東京」はちょっと出かける場所ってイメージなんです。東京を主題にした作品を描く上ではちょうどいい距離感だったように感じます。

Q36　展覧会に出品することはありますか?

何回かあるんですが、自分の作品が他のたくさんの絵に混じって展示されている状況はちょっと苦手かもしれません。自分の子供が幼稚園のお泊まり会なんかに行って、それを家で待つ親の気分でしょうか。「あの子、うまくやれているかしら?」みたいな。

Q37　絵に対する一番嬉しかった感想は?

感想ではないですが、以前にネットで「東京幻想さんの作品を見て、自分も絵を描き始めました」なんて若い子に言われました。テヘへとなります（笑）。一方で、「おいおい、そんなにベテランの絵描きになったの俺?」というショックもあるんですけど。

Q38　印象に残っている展覧会は?

国立科学博物館のミイラ展には2回行きました。2019年の夏、ちょうどエジプト旅行に行ったばかりだったので、すごく興味があって。ただ、2回目を見終わた時はちょっと疲れて、背中から肩にかけて何かずっしりと重いものを感じながら会場を後にしました。何かあるんでしょうね……。

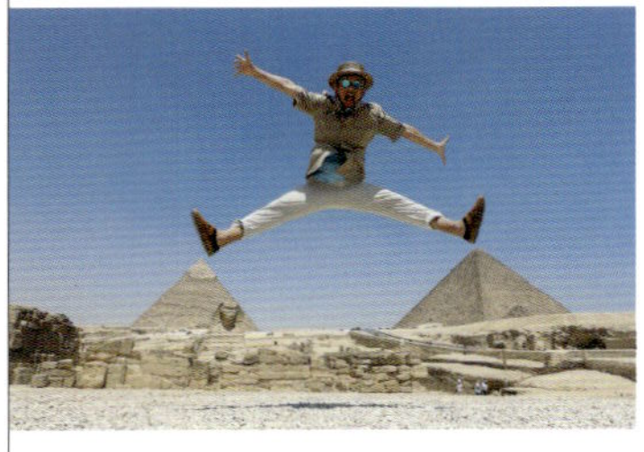

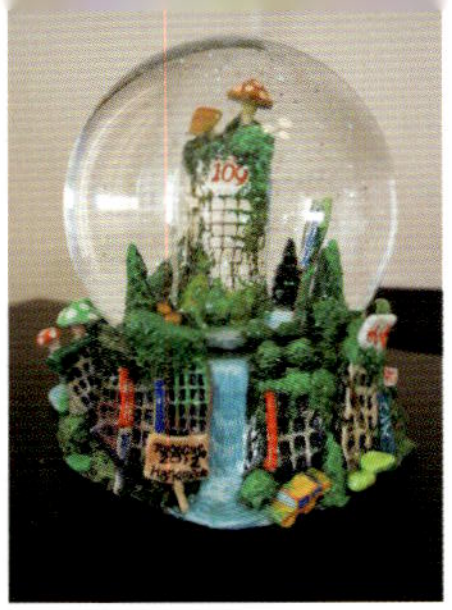

Q39　作品をグッズ化したことはありますか?

スノードームなら自分で作ったことがあります。

Q40　好きな著名人は?

ビートたけしさんです。青山の焼き鳥屋でお会いした時に、東京幻想の作品を見てもらいました。すごく優しい人ですぐに好きになりました。

Q41　好きな言葉は?

やっぱり「幻想」ですね。 街中でこの文字を見るとビクッとなります。あ、そういう意味じゃなくて?

Q42　得意だった科目は?

もちろん美術（図工）ですが、それ以外だと、地学ですね。高校のテストはだいたい100点とってました。星座や、火山活動や鉱物が好きでしたね。

Q43　苦手だった科目は?

数学、あんまり好きじゃないですね。

Q44　好きなスポーツは?

サーフィン。頑張ってやってる時期、まったくやらない時期を繰り返しながら、だらだら続いています。だからちっとも上手くなれませんね。最近は、もう板を持ってなくても海に入ってるだけでいいかなと思ってます。

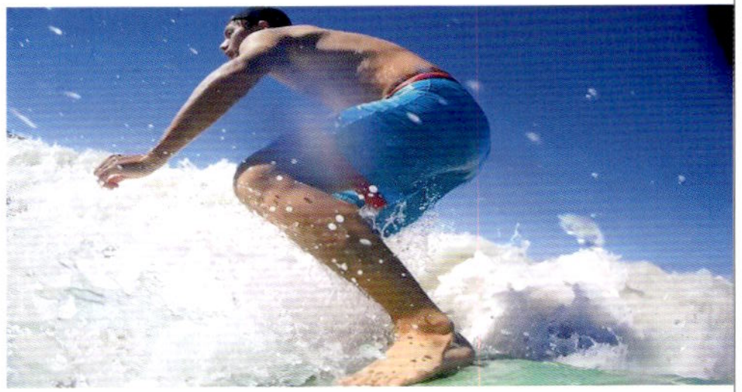

Q45　自分の性格を一言で言うと?

「根は真面目」なんだと思います。ちゃらんぽらんに見られたくて、そういうふうに行動したり発言したりしているんだけど、こうやって50問の質問に律儀に答えているあたり、自分って……と思います。

Q46　集めているものはありますか?

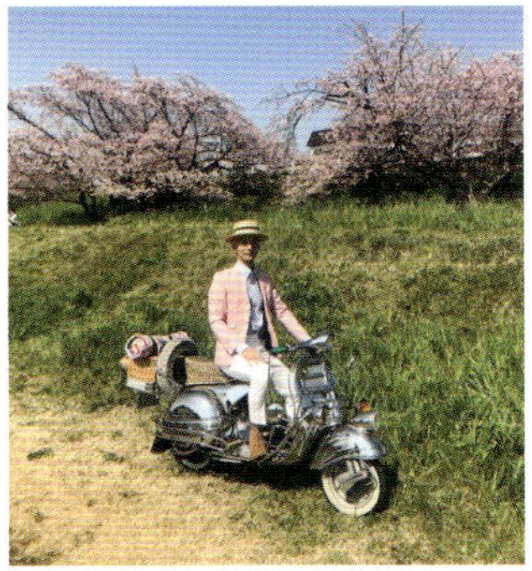

60年代のイギリスのスクーターパーツや服飾品、レコードなどを集めている時期がありました。収入のほとんどを注ぎ込んでしまったので、逆に手放すのもどうしたものかと考えますね。

Q47　やってみたかった仕事は?

パイロット。空の仕事に憧れます。

Q48　新しくチャレンジしたいことは?

これまで色々やりすぎた！（笑）

これからは新しくチャレンジというよりは、これまでやってきたことを厳選して、もっと深く追求していく方向かな？と思います。

Q49　これをせずには死ねないということは?

今はクラシックカーのラリーで完走したいです。2017年に出場して初日でエンジンぶっ壊れてリタイヤしましたからね。これぱっかりはお金もかかることなので、いつかまたリベンジって感じで気長に考えてます。

あと、サーフィンでチューブ（波が筒状になったやつ）に入ってみたいというのは高校生の頃からの憧れだけど、それはかなりのレベルなので、もうこの歳じゃ無理でしょうな〜。ライフスタイルを変える、例えば海沿いに引っ越して、毎日海に入って特訓して、食事をコントロールして、という日々になるでしょうからね。……まぁ、たまに中華屋で昼ごはん食べながら、そんな事をぼーっと考えますよね。

Q50　東京幻想さんにとって絵とは?

仕事としての絵は生活の基盤ですからもちろん大事なものですが、オリジナルの作品に関しては趣味みたいなものでしょうか。東京幻想を昔から知っている人はおわかりかと思いますが、新作をすごいペースで描いているのは、実はこの1年くらい。

というのも、2014年に最初の画集が出て以来、ほとんど描いていないんです。ブログの内容も、旅行やキャンプ、釣り、バイク、自転車、そんなのばっかり。やっぱり飽きっぽい性格なんですね。毎回好きなことを全力でやっているのに間違いはないんですが、それが最近だんだん物足りなくなってきましてね。東京オリンピックの開催が決まった頃には、なんかソワソワし始めました。そろそろ絵を描かなきゃなって。

そして去年、ようやく重い腰を上げて描き始めたんです。描き始めると、やっぱり楽しい。この1年は本当にたくさん描きました。twitterの存在も大きかったです。反応がありますからね。いつまで続くかわかりませんが、しばらくはこのまま描き続けられたらいいなと思います。

飽きたら飽きたでまた筆を休めて、他のことをして遊んでいるかも。絵は自分にとって心のバランスを保つための一要素に過ぎないですね。

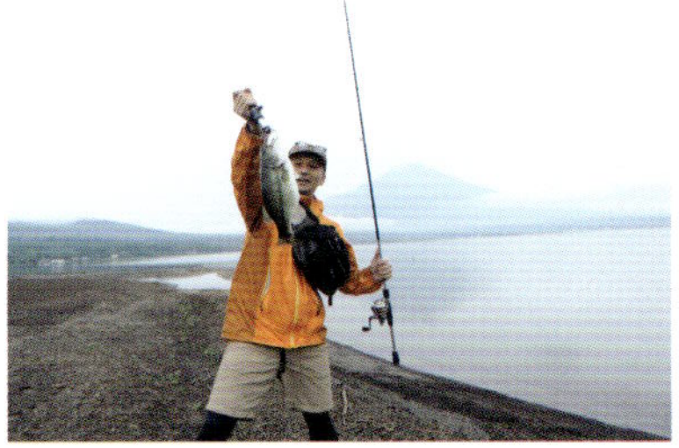

作品リスト

東京幻想（とうきょう げんそう）

2008年5月	活動開始
2009年4月〜11年3月	月刊「リベラルタイム」表紙担当（毎月）
2010年6月	米映画「ザ・ウォーカー」国内ポスターメインビジュアル制作（角川映画）
2011年9月	堂珍嘉邦（CHEMISTRY）主演舞台「醒めながら見る夢」背景イラスト制作
2012年1月〜	フリーペーパー「R25」誌上にて「辻仁成×東京幻想」コラボ不定期連載
2014年11月	『東京幻想ART BOOK』発売（宝島社）
2020年1月	「東京幻想VR」（全4タイトル）発売（VirtualArts）

その他、国内外の雑誌、メディア等、掲載多数。現在は主にゲーム背景制作を中心に活動中。

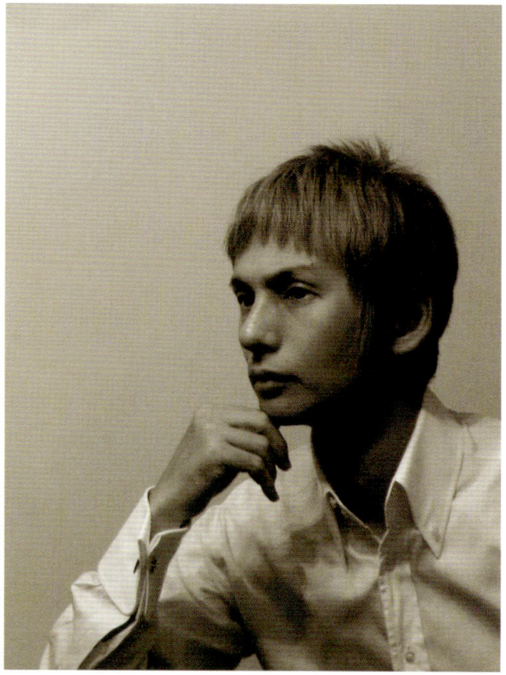

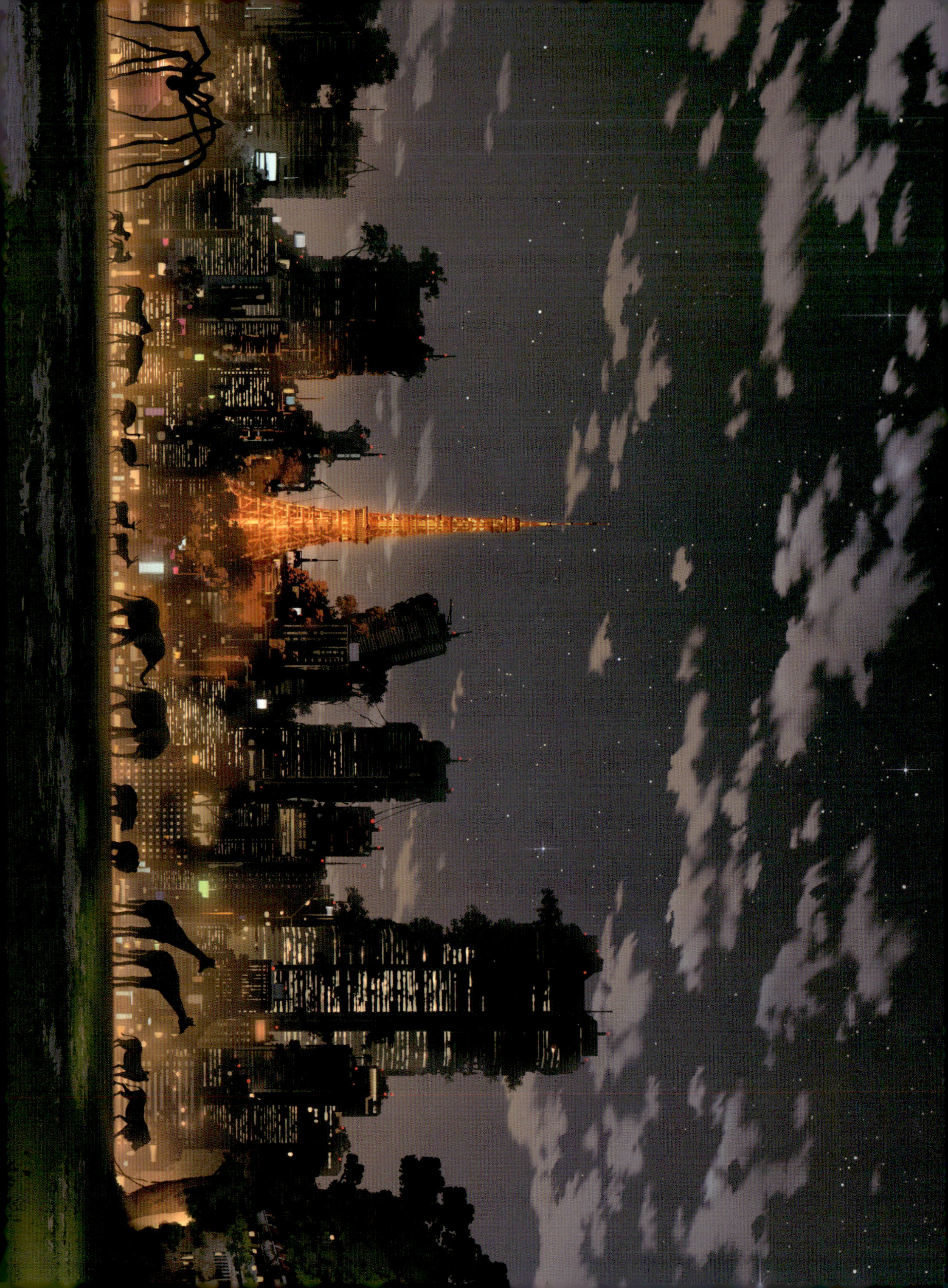

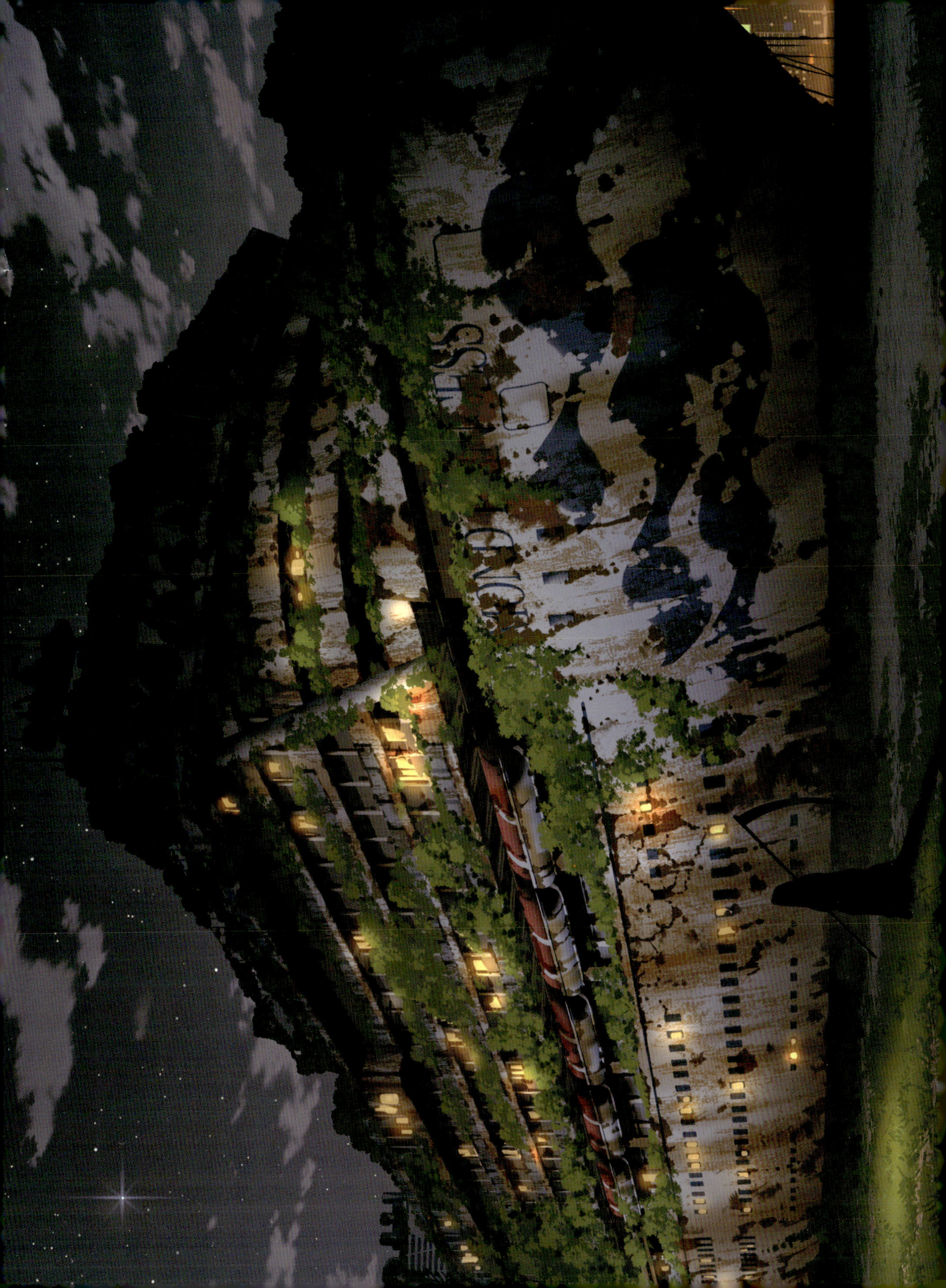

東　京　幻　想　作　品　集

2020年 5 月25日　初版第1刷発行
2024年 2 月15日　　第9刷発行

著者 ——— 東京幻想

発行者 ——— 相澤正夫
発行所 ——— 芸術新聞社
〒101-0052
東京都千代田区神田小川町2-3-12 神田小川町ビル
TEL 03-5280-9081（販売課）
FAX 03-5280-9088
URL http://www.gei-shin.co.jp

印刷・製本 ——— シナノ印刷
デザイン ——— 美柑和俊＋塚本亜由美（MIKAN-DESIGN）

ISBN 978-4-87586-584-1 C0071

TOKYO GENSO ART WORKS

Geijutsu Shinbunsha Inc.
Kanda Ogawamachi Building, 2-3-12 Kanda Ogawamachi,
Chiyoda-ku, Tokyo 101-0052, Japan
URL http://www.gei-shin.co.jp

ISBN978-4-87586-704-3 (Outside Japan)

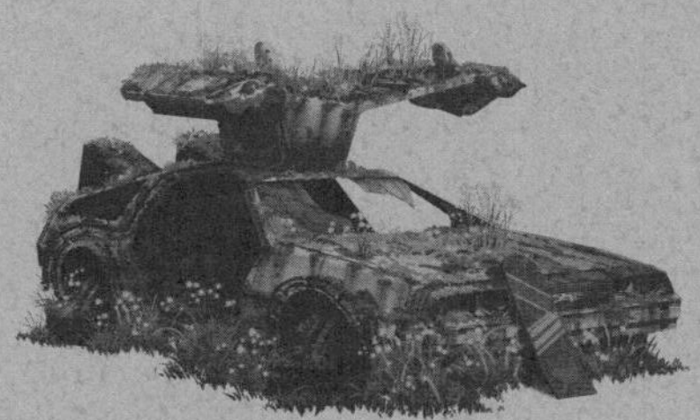

TOKYO GENSO ART WORKS